ARIZONA

Text von
JERRY CAMARILLO DUNN, JR.

Fotografien von
ANDREA PISTOLESI

BONECHI

Tel. 055/576841 - Fax 055/5000766
E-mail: bonechi@bonechi.it Internet: www.bonechi.it

Projekt und Konzeption: Casa Editrice Bonechi
Herausgeber: Monica Bonechi
Bildredaktion: Monica Bonechi
Grafik und Layout: Laura Settesoldi.
Umschlag: Sonia Gottardo. *Redaktion:* Anna Baldini. *Landkarte:* Riccardo Fattori

Text von
Jerry Camarillo Dunn, Jr.
Übersetzung:
Andreas Hein

Fotografien aus dem Archiv der Casa Editrice Bonechi, aufgenommen von
Andrea Pistolesi

ISBN 88-476-0118-5

* * *

INHALT

EINFÜHRUNG

Vielleicht mehr als alle anderen Staaten Nordamerikas ist Arizona ein mythisches Land.

Mythos: Der Staat ist im Grunde eine Wüste, ein riesiger Hochofen, eine trostlose Einöde aus Sand.

Fakten: Arizonas Landschaft und Klima sind wundervoll abwechslungsreich. Sicherlich, im südlichen Teil des Staates liegen weite Wüsten mit glühend heißen Sommern. Aber überall erheben sich Bergketten, die von dem 3853 m hohen Humphrey's Peak bekrönt werden. Im Norden und im Osten wachsen große Wälder und Arizonas Red-Rock Country (das Land der roten Felsen) birgt eines der natürlichen Weltwunder, den großartigen, von einem Fluß ausgewaschenen Grand Canyon.

Der Mythos, daß ganz Arizona eine Wüste sei, rührt wahrscheinlich daher, daß die ersten Einzelgänger den südlichen Teil bereisten, ein Ort voller Kakteen und Sand, mit sengender Hitze, der manchmal den Tod verursachen kann. Aus diesen ersten Berichten gewann man eine eindeutige, aber falsche Vorstellung von Arizona, was später noch einige Ortsnamen unterstrichen. Mehr als 50 Ortsnamen Arizonas enthalten das bedrohliche Wort "Hölle", von Hellgate Mountain (Höllentor-Berg) bis zu Hell Hole Valley (Höllenloch-Tal) - das sind Kennzeichen, mit denen kein anderer Staat mithalten kann. Aber bedenken sie, daß es in Arizona auch ein Paradise Valley gibt, ganz abgesehen von Bergbächen, Seen, kühlen Schluchten und vielen anderen Überraschungen.

Mythos: Wenige Tiere und Pflanzen können in dieser "endlosen Wüste" überleben. Nur giftige Klapperschlangen gleiten über die Dünen, nur der dornige Saguaro-Kaktus hebt sich vor dem Himmel ab.

Tatsachen: Zwar ist es wahr, daß hier 11 Arten von Klapperschlangen leben, ganz abgesehen von stechenden Skorpionen, giftigen Schwarzen Witwen und Eidechsen, die sich Gila Monster nennen, aber Arizona besitzt auch freundlichere Wesen. Die verschiedenen Höhenlagen bieten gute Lebensbedingungen für Vögel und Tiere, vom Erdkuckuk zu Steller's Eichelhäher, vom Eselhase bis zum Wapitihirsch. Zu den Pflanzen zählen nicht nur der stachlige Feigenkaktus in der Lower Sonoran Zone, sondern auch Blaufichten und alpine Pflanzen in den höher gelegenen Gebieten.

Versuchen wir also, das wahre Arizona aus der Größerer zu erleben.

DIE REGIONEN ARIZONAS

Auf das allereinfachste reduziert, unterteilt sich Arizona in zwei Hauptprovinzen, das hochgelegene Colorado Plateau im Norden und Nordosten, das nahezu die Hälfte des Staates einnimmt und das Basin and Range Country (das Land der Becken und Bergketten). Das **Colorado Plateau** erhebt sich von 419 m bis zu 3050 m und wird von zahlreichen Schluchten durchschnitten. Den berühmten Grand Canyon wusch der Colorado River aus, der den Staat auf seiner 1126 km langen Reise durchquert. Über das Plateau erheben sich Vulkankegel (wie der Sunset Crater) und die Gipfel der San Francisco Peaks, die höchste Bergkette des Staates.

In der Colorado Plateau Province gibt es auch Wüsten. Im Nordosten liegt Great Basin Desert (Wüste des großen Beckens), überwältigend in ihrer Weite. Schluchten durchschneiden die Landschaft. Die Black Mesa ragt empor. Das unvermeidliche Monument Valley zeigt seine zeitlosen Gipfel und Bergstümpfe aus rotem Fels (eine aus Wildwestfilmen wohlbekannte Landschaft). In der Nordwestecke der Provinz erkennt man die ausgedörrte Mojave-Wüste an ihren Kreosotbüschen und an den Josuabäumen, die 9 m hoch wachsen. Als Trennungslinie an der südlichen Grenze des Colorado Plateaus bildet der Mogollon Rim eine Felswand, die 610 m tief abfällt.

Basin and Range Province (Provinz der Becken und Bergketten) ist, wie schon der Name sagt, eine Abfolge von Tälern und Bergeshöhen. Sie entstanden durch Brüche und Auffaltungen der felsigen Erdkruste. In Arizona nennt man oftmals Berge, die höher als 2745 m sind, "Himmelsinseln" oder "biologische Inseln", denn ihr kühles Klima läßt Wälder von Douglasfichten wachsen, in denen Eichhörnchen umherhuschen und Schwarzbären leben. Am Mount Lemmon in den Santa Catalina Mountains kann man einen beachtenswerten Ausflug zu einer dieser Himmelsinseln unternehmen. Man beginnt die Fahrt in der Lower Sonoran Zone, zwischen Saguaro- und Cholla-Kakteen und klettert zwischen Wacholder und Pinyon-Kiefern empor, kommt in

Kiefernwälder und erreicht schließlich die Gipfel, wo Weißtannen und Zitterpappeln wachsen. Es heißt, daß diese nur 64 km lange Reise klimatisch dasselbe bedeutet, als wenn man in einer Stunde von Mexiko nach Kanada führe. Für die Eingeborenen Nordamerikas galten Berge oft als heilige Orte, wo die Geister wohnen. Einer davon ist der Baboquivari Peak, ein Gipfel südwestlich von Tucson. Unter den englisch sprechenden Einwohnern bildete sich um die zerklüfteten Superstition Mountains eine andere Art von Legende, die der sogenannten Lost Dutchman Mine (die Mine des verlorenen Holländers). Es heißt, daß zwei deutsche Goldsucher mit einer Goldmine einen fantastischen Glückstreffer erzielten und einer von beiden hinterließ verschlüsselte Hinweise auf die Mine, ehe er 1891 verschied. In den hundert folgenden Jahren haben zahllose Goldjäger die Superstition Mountains auf der Suche nach der Goldmine durchkämmt.

Der Teil der Provinz, der im südlichen Arizona liegt, besteht aus zwei Wüsten. Ein Teil der Chihuahuan-Wüste, im Südosten, erhebt sich etwa 457 m hoch, eine Höhe, in der sich die Felsen etwas abkühlen und Gras auf den Gipfeln wachsen kann. In dieser Region gibt es zwei fremdartig anmutende Landschaften, eine Bergkette, die nur aus einer riesigen Anhäufung von Felsblöcken besteht (Texas Canyon) und ein ehemaliger See, Willcox Playa genannt, der sich über 129,5 qkm erstreckt und so eben wie ein Kuchenblech ist. Dort wächst praktisch nichts, was zu der volkstümliche Behauptung paßt, daß Arizona ein "Trockengebiet" sei, wo es nichts lebendiges gibt.
Im Gegensatz dazu empfängt die Sonoran Desert mehr Niederschläge als alle anderen Wüsten des nordamerikanischen Kontinents. Hier wachsen Wälder von Süßhülsenbäumen und leben mehr als 300 verschiedene Vogelarten. Wegen der eindringlichen Landschaft haben sich in der Sonoran Desert 3,1 Millionen Menschen niedergelassen, während die anderen Regionen des Staates zusammengenommen nur eine halbe Million Einwohner erreichen.

DIE VORGESCHICHTLICHEN INDIANER

Vor etwa 12.000-15.000 Jahren traten die ersten Bewohner von Arizona auf den Plan. Es handelte sich um Jägerngruppen, die mit Steinspitzen bewehrte Speere trugen. Diese Paläo-Indianer kamen auf der Verfolgung von Großwild wie Bison und Mammuth und waren natürlich auch auf der Suche nach nahrhaften Wildflanzen. Da sie nicht künstlerisch arbeiteten und keine Bautechnik hervorbrachten, hinterließen sie fast keine Spuren. Während das Klima allmählich wärmer und trockener wurde, verschwanden um das Jahr 9000 v. Chr. fast alle größeren Tiere. Es formte sich eine neue Kultur heraus, in der man kleinere Tiere jagte und Nüsse, Samen und Beeren sammelte. Zwischen 2000 und 500 v. Chr. kam es in der Landwirtschaft zu einem entwicklungsgeschichtlichen Sprung. Die Indianer pflanzten und ernteten Mais, Kürbisse und Bohnen und verschafften sich Nahrungsmittel mit viel Proteingehalt, gewannen also einen ausgewogenen Speisezettel.

Wahrscheinlich 200 v. Chr. begannen Gruppen dieser antiken Einwohner Dörfer zu bauen. Sie lebten in "Grubenhäusern", ein jedes bestand aus einer flachen Höhlung hinter einem Holzrahmen, der mit Lehm ausgefüllt wurde, um so Mauern zu errichten. Durch den Handel erhielten diese Leute nicht nur Waren, sondern auch Anregungen von außerhalb ihrer Territorien. Ihre Religion entstand, ausgehend von Regenfall und Ernte, auch die Kunst erlebte eine Blüte. Die bedeutendsten all dieser frühen Ackerbau betreibenden Kulturen waren die Hokoham (südliche Wüsten), die Mogollon (Bergtäler im östlichen Hochland), die Anasazi (hochgelegene Wüsten auf dem Colorado Plateau) und die Sinagua (Verde Valley, südlich vom Colorado Plateau).
Zwischen 500 und 1100 n. Chr. entwickelten sich diese frühen Kulturvölker noch stärker. Sie errichteten regelrechte Häuser im Pueblo-Stil, sie erhandelten alle nur denkbaren Gegenstände, von Pfauenfedern bis zu Kupferglocken, sie lernten es, Baumwolle anzubauen und zu verweben, sie bauten ganze Stadtanlagen, wußten komplizierte spirituelle Zeremonien auszuführen, schufen Tonwaren mit feinen Darstellungen von Vögeln und Eidechsen und legten in den Tälern von Salt und Gila River Bewässerungsgräben an. Gegen 1350 errichteten die Hohokam bereits mehrstöckige Bauwerke und heute noch kann man die Ruine der viergeschossigen Casa Grande besichtigen, von der die Wissenschaft annimmt, daß es sich um ein Observatorium zur Festlegung der Sonnenwenden gehandelt haben könnte und um ein Wohnhaus für die Elite der Hohokam, vielleicht Priester oder Anführer. Zur gleichen Zeit kam es auch bei den Anasazi ("Die Alten") im heutigen nordöstlichen Arizona zu bedeutenden Fortschritten. Sie schufen Stadtanlagen in den Schutz bietenden Höhlungen von steilen Felswänden, fügten also diese Steinbauten wie Juwelen in eine Krone ein. Diese Pueblos bestanden aus großen gemeinschaftlichen Wohnungen. Die meisten hatten Zeremonieräume, die sich Kivas nannten, dort fanden religiöse Rituale und soziale Zusammenkünfte statt. Trotz

dieser erfolgreichen Entwicklung verschwanden die Anasazi um 1300, in der Folge auch die Hohokam und die anderen höher entwickelten Völker im frühen Arizona. Bisher ist es nicht gelungen zu ergründen, warum dies geschah, vielleicht brachte sie eine Dürreperiode dazu, ihre Ansiedlungen zu verlassen. Noch heute verspürt man die mächtige Aura, die die alten Wohnungen der Anasazi umgibt, denen sogar etwas geisterhaftes anzuhaften scheint. Das erklärt, warum die Navaho-Indianer niemals in die aufgegebenen Anasazi-Bauten zogen.
Arizona ist einer der wenigen Orte, wo man die Ruinen aus der Frühzeit Amerikas noch direkt erleben kann. Aufsehen erregende Anasazi-Ruinen stehen im Canyon de Chelly National Monument. Die Sinagua (in denen sich die Anasazi und der Hohokam vermischt haben könnten) hinterließen Ruinen in Casa Grande, Montezuma Castle, Wupatki, Walnut Canyon und Tuzigoot National Monuments.

DIE ANKUNFT DER SPANIER

Eine Legende lockte die Spanier nach Arizona. Die Sieben Städte von Cibola sollten angeblich aus Gold gebaut sein. Als der Entdecker Francisco Vásquez de Coronado um 1540 in Arizona eintraf, fand er nur Häuser aus an der Sonne getrocknetem Lehm, nicht aus schimmerndem Gold, noch dazu wohnten in ihnen feindliche Indianerstämme. Damit war das Märchen von den "goldenen Städten" ausgeträumt und ein ganzes Jahrhundert verging, ohne daß sich die spanische Regierung noch weiter für die Gegend interessierte. Dafür kamen spanische Franziskaner, die ihre Religion brachten und Missionen unter den Hopis errichteten. Anfang des 18. Jahrhunderts gründete der Jesuitenpater Eusebio Kino im südlichen Arizona Missionen unter den Pimas und Papagos. Wegen Mißhandlungen kam es 1751 unter den friedlichen Pimas zu einer Revolte und die Spanier bauten eine Militärgarnison (oder ein Presidio) in Tubac, um das Gebiet unter Kontrolle zu halten.
Die Spanierzeit endete 1821, als Mexiko seine Unabhängigkeit von Spanien erklärte. Angloamerikanische Trapper und Fellhändler zogen durch Arizona und zwei Jahrzehnte später führten diese "Bergmenschen" Abteilungen der US-Armee mit Entdeckern und Landvermessern hierher. Der Besitz von Arizona entschied sich im Mexikanischen Krieg von 1848, als der Großteil Arizonas an die Vereinigten Staaten kam. Mit der Gadsen Purchase (Erwerbung) von 1853 wurde auch der südliche Teil abgetreten.
Während des kalifornischen Goldrauschs durchquerten viele "Forty-Niners" (Goldgräber von 1849) den Südteil von Arizona längs des Gila Trail, aber nur wenige ließen sich hier nieder, bis nicht 1857 eine Goldader am Gila River gefunden wurde. Glücksritter fluteten herein und um sie alle zu ernähren, kamen auch Siedler nach, die Feldfrüchte und Vieh heranzogen. 1963 etablierte man offiziell das USA-Territorium Arizona. (Der Name könnte von einer 1736 entdeckten Silbermine herrühren, die in einer Schlucht lag, die die Indianer Arizonac nannten.) Die dringendste Aufgabe der neuen Regierung war es, die feindlichen Apachen und Navahos zu unterwerfen. Die Indianerkriege dauerten von 1871 bis 1886, als Geronimo, Anführer der Chiracahua-Apachen, sich endlich unterwarf. Die US-Regierung deportierte ihn und sein Volk nach Florida in ein Gefangenenlager.

In jener Zeit ließen Viehzüchter ihre Herden grasen, legten Mormonen ihre Farmen an und schürften Bergarbeiter in Tombstone,innerhalb von zehn Jahren, für einen Gegenwert von 19 Millionen Dollar Silbererz. Außerdem entdeckte man Kupfer, der Ertrag trug dazu bei, daß man viktorianische Städte wie Jerome, Globe und Bisbee bauen konnte. In den siebziger und achtziger Jahren des 19. Jahrhundert. drangen die Eisenbahnen bis Arizona vor, die moderne Ära konnte beginnen.

DAS HEUTIGE ARIZONA

Nachdem Arizona 1912 als der 48. Staat anerkannt worden war, brachten die Kupferminen sichere Einkünfte, und Stauseen in der Mitte des Staates ermöglichten die Landwirtschaft und das Heranwachsen der Städte. Während des Zweiten Weltkriegs kamen Flugzeugbasen und Verteidigungsindustrie nach Arizona und nach dem Waffenstillstand kehrten viele Soldaten und Arbeiter in den Staat zurück, um dort zu leben. Zwischen 1950 und 1970 verdoppelte sich die Bevölkerung. Wegen der warmen Winter in Arizona (und mit der Annehmlichkeit von Air-Conditioning im Sommer) zog es viele Pensionäre nach Arizona.
Das heutige Arizona ist eine beachtliche Ballungszone - zum Teil wegen der stürmischen Entwicklung seiner Städte (vor allem im Tourismus und der Industrie), zum Teil als lebendiges Museum des Westens (mit richtigen Cowboys und mehr Indianern als in jedem anderen Staat) und zum Teil wegen seiner wunderbaren Landschaft, vom tiefsten Punkt des Grand Canyon bis zum höchsten Gipfel.

TUCSON

Auch wenn Tucson mit seinen 675.000 Einwohnern die zweitgrößte Stadt Arizonas ist, hat es sich doch ein kleinstädtisches Lebensgefühl und einen menschlichen Maßstab bewahrt. Viele Besucher ziehen es vor, ihren Wagen abzustellen und die Stadt zu Fuß zu besuchen. Die entspannte Atmosphäre von Tucson paßt zu ihm als Erholungs- und Hochschulort. Diese Atmosphäre mag auch daher rühren, daß Tucson, anders als Phoenix, 732 m hoch liegt und daher ein mildes Klima hat und daß es von Bergen umgeben ist. Tucson dehnt sich in einem Wüstental aus und ist von vier Bergketten umschlossen. Im Norden liegen die Santa Catalinas aus zerklüftetem Granit und Gneiß, die Rinco-Berge im Osten sind sanft abgerundet, im Süden erheben sich die Santa Ritas mit ihrer Doppelspitze und im Westen stehen die sägeförmigen Tucson-Berge. Die Stadt steht in inniger Verbindung mit ihren Bergen. In einer Stunde können die Einwohner von Tucsons Wüstental mit Grünholz- und Süßhülsenbäumen zu den Abhängen von Mount Lemmon emporfahren, wo Wanderer im Sommer blühende Wiesen finden und Skifahrer sich auf dem südlichsten Skigebiet der Nation vergnügen können.

Die Spanier hörten den Namen Tucson erstmals von den Pima-Indianern, die in einem Dorf namens Stukson lebten, was "am Fuß des dunklen Berges" bedeutet. (Der dunkle Berg ist der heutige Sentinal Peak - Wächter-Spitze.) Als die spanischen Soldaten 1776 zurückkehrten, um eine Garnison anzulegen, benutzten sie diesen Namen für ihr Fort, dem Presidio San Augustin del Tucson. Das Fort hatte Ziegelmauern, die als Schutz gegen die marodierenden Apachen 3,60 m hoch und 90 cm dick waren.
Trotz der Gefahr von Indianerüberfällen und der Strenge der Wüste kamen Angloamerikaner als Siedler hierher. Gegen 1850 hatte die Butterfield-Kutschenlinie Tucson erreicht und leitete eine abwechslungsreiche Wildwest-Ära ein, mit Gesetzlosen und Schießereien in den Straßen. Die Stadtrechte erhielt das größer werdende Tucson im Jahr 1864. Aber als die Territorialverwaltung später größere Bauprojekte zuteilte, erhielt Phoenix die als "Preise" angesehen Institutionen - eine Irrenanstalt und ein Gefängnis - während man Tucson die Universität zuschlug. Die ungehobelten Bürger von Tucson verhöhnten dieses Projekt und bei einer offiziellen Versammlung sah sich der Regierungsvertreter, der diese Nachricht bekannt gab,

Das von Bergen geschützte Tucson ist ein Paradies für Sonnenanbeter, Hochschulstudenten und Personen, die sich für die Geschichte der Indianer und Spanier interessieren.

Historische Gebäude in der Nähe von El Presidio gehören der großspanischen Kolonialarchitektur an (oben) oder sind schlichte Häuser (rechts).

gezwungen, Salven von Eiern, verdorbenem Gemüse und sogar einem Katzenkadaver auszuweichen.
Aber der Wirt eines Saloon (Kneipe) und zwei Spieler schenkten bald das Land für den Universitäts-Campus. (Nach einem Gerücht soll ihre "Schenkung" durch ein verlorenes Kartenspiel zustande gekommen sein.) 1891 wurde die **Universität von Arizona** mit nur 32 Studenten und einem Lehrkörper von sechs Dozenten in einem Backsteingebäude eröffnet, das sich Old Main nannte (man kann es heute noch besichtigen). Andere Attraktionen des 132 ha großen Campus sind das Kunstmuseum der Universität (mit Skulpturen von Jacques Lipchitz), dem Arizona State Museum (präkolumbische und moderne Handwerksprodukte der Indianer), das Center for Creative Photography (Meister des 20. Jahrhunderts, insbesondere Ansel Adams) und ein Planetarium (mit einem 40 cm-Teleskop, um den klaren Wüstenhimmel zu beobachten).
Um das Tucson der Vergangenheit zu besichtigen, muß

Am alten Pima County Courthouse (Gerichtsgebäude des Pima-Bezirks) sind spanische und maurische Bauelemente verarbeitet, mit einem Schuß amerikanischer Südwesten.

man sich zum **Barrio Histórico** begeben, ein Stadtteil, der aus 13 quadratischen Straßenblöcken und 150 Gebäuden aus Luftziegeln des späten 19. Jahrhundert besteht. In der Nähe beachte man die Sandsteinfassade der **St. Augustine Cathedral** von 1896, die in ihrer Form an Mexikos Kathedrale Querétero ispiriert ist.
Durchstöbern sie auch das Viertel **El Presidio** in der Stadtmitte, wo viele historische Gebäude und Wohnhäuser stehen, die die spanischen, mexikanischen und amerikanischen Einflüsse auf die Stadt verraten. Das Ziegelgebäude des **John C. Frémont House Museum** ist der Ort, wo der Gouverneur dieses Territoriums vielleicht 1881 gelebt hat, das Mobiliar beschwört den Lebensstil einer der gehobenen Klasse jener Zeit angehörigen Familie herauf. Dort wo sich **El Presidio Park** erstreckt, lag der Exerzierplatz des längst verschwundenen spanischen Forts. Ein Teil der alten Presidio-Mauer sieht man neben dem **Pima County Courthouse**, dessen Architektur spanische, maurische und südwestliche Formen vereinigt. Gemälde und Möbel aus der spanischen Kolonialzeit sind im **Tucson Museum of Art** ausgestellt, zusammen mit Objekten aus der präkolumbischen Zeit. Im **Arizona**

Historical Society Museum gibt es dreitausend Ausstellungsstücke, von den vorgeschichtlichen Hohokam, bis zu den Spaniern, den Waldleuten, den Viehzüchtern und anderen in deren sowie und den Nachbau einer Kupfermine mit Stollenausrüstung und Klangeffekten. Aus der Gegenwart zeigt das **Pima Air Museum** ungefähr 150 Flugzeuge, unter anderen ein X-15, der schnellste Jet der Welt. Im **Titan Missile Museum** sieht man einen nuklearen Kommandoposten und die einzige abgerüstete interkontinentale ballistische Rakete der Welt in ihrem unterirdischen Silo.

In Tucson **warten noch andere Dinge auf sie**: Der kleine Zoo, ein botanischer Garten, der 6879 ha große Tuscon Mountain Park und Ausflüge zur Davis-Monthan Air Force Base (wo im Zweiten Weltkrieg die Bombermannschaften trainierten). Besucher, die kulturorientiert sind, können das Ballett oder die Symphoniker genießen oder sogar Veranstaltungen an der Universität verfolgen.

Kauflustige mögen die Galerien und Geschäfte im Zentrum durchkämmen, dort Indianerkunst und mexikanische Importe bewundern oder sich ein Paar echte Cowboystiefel oder einen großen Stetson-Hut kaufen. Ted DeGrazia's Gallery in the Sun ist ein Museum im Haus des bereits verstorbenen, wohlbekannten Künstlers aus

Die St. Augustine Cathedral mit ihrer fein gegliederten Sandsteinfassade geht auf das Jahr 1896 zurück. Über dem Portal grüßt eine Bronzestatue des Heiligen die Besucher.

Das "Gallery in the Sun"-Museum des verstorbenen Malers Ted DeGrazia ist für das Publikum zugänglich.

Arizona, dessen Gemälde sentimentale Reminiszenzen der Spanierzeit und der Indianer des Südwestens sind.
Eine wohlbekannte Attraktion nennt sich **Biosphäre 2**, ein gewaltiges Glasgebäude, das eine in sich abgeschlossene Welt enthält, mit kleiner Wüste, Sumpfgebiet, Ozean, Regenwald und Farmen. Die Biospäre 2 ist so entworfen, daß sie ihre eigene Atmosphäre und außerdem Nahrung und Wasser recykelt oder hervorbringt, mit fast 4000 Arten von Pflanzen und Tieren. Es dient gleichzeitig als Forschungszentrum der Columbia University. Die Wissenschaftler hoffen, daß das Projekt nützliche Informationen für die Rettung der Umwelt liefern wird und für das menschliche Überleben bei ausgedehnten Raumflügen. Besucher, die die gerade aktuellen Experimente beobachten und aus ihnen lernen wollen, sind willkommen.
Die meisten Touristen werden sich jedoch lieber an der Umwelt von Tucson erfreuen, eine Natur mit endlosem blauen Himmel, Wüstenschönheit und hochragenden Bergen. In Tucson fehlen Flüsse, doch wird es von Arroyos oder Schluchten durchquert, die sich bei Regenfällen in reißende Bäche verwandeln. Diese Arroyos bringen verschiedene Lebewesen hervor, Wissenschaftler sprechen von einem "Trockenflußufer"-Habitat. Dort können Süßhülsen- und Grünholzbäume wachsen, so daß die Szenerie der Wüste auch in die Stadt eindringt.
Tucsons natürliche Schönheit und die jährlichen 320 Tage Sonnenschein erklären, warum das **Golfspiel** hier so beliebt ist. Verschiedene Erholungsgebiete bieten sehr schöne Golfplätze, unter ihnen den malerischen Sheraton El Conquistador, den hochrangigen Westin La Paloma und den bestens angelegten Loews Ventana Canyon Golfplatz. Außerdem gibt es öffentliche Golfplätze und viele Tennisanlagen. Tucson ist noch dazu der Mittelpunkt der **Dude Ranches** (Vergnügungsfarmen) - vergessen sie nicht, daß sie sich im amerikanischen Südwesten befinden - wo man auf rustikalen Pfaden ausreiten kann. Außerdem ist es möglich zu wandern, zu klettern und Vögel zu beobachten; auf Radwegen kann man das gesamte Stadtgebiet durchqueren.
Und wenn sie alle Sehenswürdigkeiten der Stadt besichtigt haben, stehen sie erst am Beginn ihrer Reise, denn Tucson ist das Tor zum südlichen Arizona.

Farbenfrohe Blumen und saftiger Rasen sprießen im Wüstengebiet von Sheraton El Conquistador (unten und gegenüber), einer der vielen Golfplätze um Tucson.

OLD TUCSON STUDIOS

Die staubigen Straßen und Gebäude von Old Tucson sollten vielen Filmfreunden vertraut sein. Hier drehte man ungefähr 250 Wildwest-Filme, einschließlich Klassikern wie *Gunfight at the OK Corral* und *Rio Lobo*. Daher ist es kein Wunder, daß sich Old Tucson das "Hollywood in der Wüste" nennt. Es ist eine Mischung aus Filmszenerie und Themenpark, nicht die historisch getreue Rekonstruktion einer Stadt des Wilden Westens. In der Filmgeschichte spielt es eine wichtige Rolle. Als die Columbia Pictures 1939 die Filmaufnahmen von *Arizona* planten, investierten sie eine viertel Million Dollar, um Old Tucson zu bauen. Heute sieht man hier eine staubige Stadt Arizonas aus den sechziger Jahren des 18. Jahrhunderts, mit Saloons, hölzernen Gehsteigen, Gebäudefassaden, eine Grenzgebiet-Mission und eine mexikanische Plaza. Old Tucson bildete den Hintergrund für Filme wie *The Last Outpost* (mit Ronald Reagan), Fernsehserien wie "High Chaparral" und "Little House in the Prairie". Während ihres Besuches könnten sie miterleben, wie ein Film, eine Fersehsendung oder ein Werbespot gedreht wird.
Old Tucson liegt 19 km westlich der Stadt im Tucson Mountain Park, 1958 wurde es den Schaulustigen zugänglich gemacht. Um die Besucher zu unterhalten, inszenieren "Banditen" immer noch Schießereien in den Straßen (natürlich mit Platzpatronen). Sie können ein Filmstudio besuchen, auf einem ratternden Goldwaggon durch eine "alte Mine" fahren, ein Museum mit historischen Schußwaffen besichtigen und eine Dampflokomotive von 1872 bewundern, die die Eisenbahngesellschaft Virginia & Truckee benutzte. Außerdem gibt es eine Musical-Revue und eine "Magic Show" im Stile der siebziger Jahre des 19. Jahrhunderts.

In den Old Tucson Studios (auch auf den nächsten Seiten) wurden zahllose Wildwest-Filme gedreht. Vor einiger Zeit wurden sie nach einem Feuer erneuert.

OLD TUCSON WESTERN WEAR CO.
OUTFITTERS
BELTS BANDANAS
BOOTS HATS SHIRTS
DRY GOODS
WESTERN WEAR CO
INVIGORATOR
CORSETS

ZECHENDORF
TRANSFER
BAGGAGE CALLED FOR AT
RESIDENCES &
HOTELS

ARIZONA-SONORA DESERT MUSEUM

Klapperschlangen, Präriehunde, Dickhornschafe und Kaktus-Zaunkönige, mehr als 200 Tier- und Vogelarten der Sonoran Desert (Sonoran-Wüste) sind hier in ihrer natürlichen Umgebung in einer Art lebendigem Museum zur Schau gestellt. Es gehört zu den zehn bestrangigsten Zooanlagen der Welt und bietet einen leicht verständlichen Einblick in das Wüsten-Ambiente, das sich von Arizona südlich nach Mexiko und rings um den Golf von Kalifornien erstreckt. Überraschenderweise gehören zur Sonoran Desert von Arizona auch Berge und Flüsse, so daß man im Museum auch Berglöwen, verspielte Fischotter und fleißige Biber sehen kann. Das kleinste Lebewesen ist ein Kalliope-Kolibri (es wiegt etwa 2,8 Gramm), das größte ein schwerfälliger Schwarzbär. Man kann auch den Untergrund besichtigen und dort die Wüstentiere in ihren Höhlen sehen. Im geologischen Zentrum sind Mineralproben und Meteoriten ausgestellt, während der Museumsgarten in aller Breite die Pflanzen der Sonoran Desert zeigt, einschließlich der wildwachsenden Frühlingsblumen. Vom Museum hat man einen wundervollen Blick auf die umliegende Wüste und auf die Gipfel von Baboquivari und Kitt.

Die Besucher überrascht die Vielzahl von Tieren, die in der Wüste verborgen bleiben, aber im Museum sichtbar werden.

SAN XAVIER DEL BAC

Es genügt ein Blick auf diese einmalig schöne spanische Barockmission um zu verstehen, warum man sie die "Weiße Wüstentaube" nennt. Sie erhebt sich über den Wüstenboden wie ein Vogel der emporfliegt. Der unermüdliche Padre Eusebio Francisco Kino richtete diese Mission 1700 ein und bemerkte dazu später: "Jederman hätte [sie gründen] können, aber Seine Einflüsterung kam zu mir." Der Name setzt sich aus dem hl. Xaver, Kinos Schutzheiligem und aus Bac, einem Dorf der Tohono O'odham (Papago), zusammen. Bac bedeutet "wo das Wasser entspringt".
Nachdem die ursprüngliche Mission zerstört worden war, baute man 1797 die gegenwärtige Kirche aus gebrannten Ziegeln und verkleidete sie mit weißem Stuck. Niemand weiß, warum der rechte Glockenturm niemals fertig wurde, die beiden besten Theorien dazu lauten folgendermaßen: 1) Symbolisch gesehen bedeutet die Unvollständigkeit, daß die Predigt des Evangeliums niemals abgeschlossen sein wird; 2) Die Bauherren hatten ihre Mittel erschöpft. San Xavier del Bac gehört im Südwesten zu den formvollendetsten Architekturen des spanischen Kolonialstils. Zwischen den beiden Türmen befindet sich ein überwältigendes, reich dekoriertes Steinportal.
Aus der Nähe betrachtet werden sie Bögen und Schnörkel, Heilige und Muscheln, ja sogar eine Katze und eine Ratte entdecken. Auch das Innere ist für eine Missionskirche reich ausgeschmückt. In der Kuppel befinden sich Fresken, es gibt Statuen und eine vielfarbig bemalte, geschnitzte Altartafel. So viel Schönheit hatte einen ganz praktischen Grund. Wie der Hauptmann des spanischen Presidios von Tucson aufschrieb, wollten die Jesuiten mit "der Lieblichkeit ihrer Kirche von jenseits der Grenze die unbekehrten [Indianer] anlocken".
Da Arizona tatsächlich ein Grenzgebiet war, mangelte es an Baumaterial. Weil es keinen Marmor gab, wurde der Altar mit Marmorimitation bemalt; weil es keine glasierten Platten gab, bemalte man die Sockel in der Art von Keramik. Sogar "Kandelaber" malte man an die Wand, damit sich die wenigen tatsächlich vorhandenen vervielfältigten. Architekten und Kritiker haben nach Superlativen gesucht, um San Xavier del Bac zu beschreiben. Einer nannte es die "Sixtinische Kapelle der Vereinigten Staaten". Ein anderer bezeichnete die Mission als "das schönste Objekt von Menschenhand in der amerikanischen Wüstenlandschaft."
In den letzten Jahren wurde die Kirche sorgfältig und auf beste Weise von Handwerkern restauriert, die die ursprünglichen Bautechniken und Baumaterialien verwendeten.

Die Mission San Xavier del Bac, genannt die "Weiße Wüstentaube", war ein religiöser Vorposten in der Wildnis Arizonas (auch auf den nächsten Seiten).

SAGUARO NATIONAL PARK

Der Saguaro-Kaktus ist das Emblem Arizonas und seine Blüte ist die Staatsblume. Aber nicht deshalb lieben die Leute den Saguaro, -dieser Kaktus sieht irgendwie wie ein guter Bekannter aus, wie eine große magere Person und wirkt auf merkwürdige Weise freundlich. Er scheint mit den Armen zu winken und zu sagen "Wie geht's Partner". Um also den beliebten Saguaro (sah-WAH-roh) zu schützen, den es nur in der Sonoran Desert gibt, gründete man diesen Park in zwei getrennten Sektionen, die sich westlich und östlich von Tucson befinden.
Der Westteil namens **Tucson Mountains Unit** ist 8499 ha groß und enthält ausgedehnte Bestände von Saguaros. Gönnen sie sich einen Aufenthalt im neuen **Visitors Center** (Besucherzentrum), wo sie eine Ausstellung über die Tiere und Planzen unterrichtet, die gleich außerhalb des Gebäudes leben. Dabei werden sie lernen, daß die Natur den Saguaro als Wasserspeicher konzipierte. Er erinnert an ein Faß, dessen Falten sich wie beim Akkordeon ausdehnen können. Im Frühjahr blüht diese Kaktee mit cremefarbigen Blüten und im Sommer kommen ihre Früchte zum Vorschein. Das Besucherzentrum ist auch ein guter Ort, um Informationen über den Weg nach Signal Hill einzuholen, dort wo die vorgeschichtlichen Hohokams faszinierende Felsenzeichnungen hinterließen.
Im 8498 ha großen Ostteil, **Rincon Mountain Unit**, erheben sich die Saguaro Kakteen vor dem wirkungsvollen Hintergrund des Ricon Peak und des Mica Mountain. Bis 1958 vernichteten grasende Rinder, die in diesem Jahr endlich entfernt wurden, die nachwachsenden Kakteen. Daher finden sie heute nur sehr alte und junge Saguaros. Diese Kakteenart wächst sehr langsam, nach 25 Jahren gewinnt sie eine Höhe von nur 62 cm. Die ausgewachsene Pflanze kann eine Höhe von 15,25 m erreichen, mit einem Gewicht von 10 Tonnen. Im letzten Lebensabschnitt, mit etwa 150 Jahren, kann ein Saguaro bis zu 40 Arme haben, das Höchstalter beträgt 200 Jahre.
Im östlichen Saguaro National Park gibt es fünf Klimazonen. Durch die Ausläufer der Ricon Mountains fahren sie über den **Cactus Forest Drive** zu diesem Parkgebiet. Dort gibt es mehrere Picknick-Areale und Lehrpfade, einen zur Ökologie der Wüste, einen Naturpfad und Wanderwege durch die Wildnis. Überall werden sie

Der bis zu 15 m aufragende Saguaro-Kaktus steht in diesem Nationalpark unter Naturschutz (siehe auch nächste Seiten).

Saguaros sehen, Wüstenkönige, die ruhig über ein schweigendes Königreich herrschen und ein wortloses Mysterium scheint auch sonst den Park zu umhüllen. Am **Signal Hill** können sie über einen kurzen Lehrpfad zu der Hügelspitze gehen, wo die Hohokam ihre Felsenzeichnungen in das Gestein graviert haben.
Die Zeichnungen erscheinen in dem sogenannten Wüstenfirnis, eine dunkle Patina aus Mangan und Eisenoxyd, die man leicht wegkratzen kann und die als kontrastreicher Hintergrund dient. Man erkennt Menschenhände, Pfeile, konzentrischen Kreise und sonnenartige Zeichen.
Die Felsenzeichnungen könnten als geschriebener Hinweis auf die Anwesenheit bestimmter Stämme gedeutet werden oder als Kennzeichnung von Wasserquellen. Niemand hat überlebt, der ihre Bedeutung kennt, so daß sie rätselhaft bleiben.
Die Felsenzeichnungen am Signal Hill lassen sich auch zeitlich nicht genau einordnen. (An anderen Stellen des Nationalparks tauchen sie ebenfalls auf.) Die Kultur der Hohokam hatte ihr Zentrum im Salt River Valley in der Nähe von Phoenix, wo dieser antike Indianerstamm eine ziemlich weit entwickelte Zivilisation entwickelte, die sich auf Ackerbau mit Bewässerungssystemen gründete. Ihr Territorium reichte bis in die Gegend südlich vom heutigen Tucson. Warum sie hier ihre Felsenzeichnungen anbrachten, weiß niemand.

Der Signal Hill im Saguaro National Park bewahrt die rätselhaften Felszeichnungen der Hohokam.

KITT PEAK OBSERVATORY

Sie erscheinen auf der Spitze von Kitt Peak wie seltsame weiße Blumen und es ist kein Zufall, daß die astronomischen Observatorien gerade hier "wachsen". Ehe die Wissenschaftler diesen 2100 m hohen Berg auswählten, untersuchten sie im Südwesten noch 150 weitere Gipfel. Sie suchten nach Orten ohne Luftverunreinigung und optische Beeinträchtigung durch Stadtbeleuchtung, also nach idealen Bedingungen zur Sternbeobachtung. Hier fanden sie einen besonders klaren Himmel.

Der Kitt Peak erhebt sich inmitten des 1,11 Millionen Hektar großen Indianerreservats der Tohono O'odham (Papago), deren Anführer sich in den fünfziger Jahren damit einverstanden erklärten, daß das nationale Observatorium auf ihrem Stammesbesitz gebaut wurde. Mehr als 20 Universitäten betreiben in kooperativer Form diese Einrichtung, die die National Science Foundation gegründet hat. Die weißen Kuppeln beschützen hochentwickelte Instrumente zur Erforschung des Kosmos. Sie sollten erst im Museum die Ausstellungen zur Astronomie, Lichtkunde und der Technologie der modernen Sternbeobachtung begutachten. Danach besichtigen sie einige der 21 Teleskope von Kitt Peak. Das McMath ist das größte Solarteleskop der Welt. Natürlich kann man damit nicht direkt in die Sonne schauen. Aber die Besucher dürfen das Instrument als solches besichtigen, das Spiegel verwendet, die in einem 153 m langen Korridor angebracht sind (zum Teil über der Erde, aber zum größten Teil unter der Erde), um ein Abbild der Sonne zu schaffen, das einen Durchmesser von 76 cm erreicht. Die Anlage des McMath gewann sogar einen Architekturpreis.

Andere Instrumente auf dem Kitt Peak wurden nicht erfunden, um Abbilder zu vergrößern, sondern um Licht von schwachen, weit entfernten Lichtquellen einzufangen. Das 2,1-Meter-Teleskop empfängt sichtbares Licht und infrarote Strahlungen, um Informationen über weit entfernte Sterne und Sternsysteme zu liefern. Das 4-Meter-Mayall-Teleskop befindet sich in einem 19 Stockwerke hohen Gebäude, zu seiner Besichtigung benötigt man einen Fahrstuhl. (Von der Aussichtsplattform des 10. Stockwerks genießt man einen Ausblick über das südliche Arizona mit seiner Wüstenwelt aus Kakteen, Süßhülsen-, Eisen- und Grünholzbäumen.) Andere Instrumente, die hier zum Einsatz kommen, erforschen den Himmel mittels Radiowellen. Insgesamt gilt die Teleskopgruppe auf dem Kitt Peak als eines der wichtigsten astronomischen Zentren der Welt.

Auf dem Kitt Peak befindet sich eine der weltweit größten Ansammlungen von wissenschaftlichen Instrumenten zur Erforschung des Universums.

TUMACACORI MISSION

Einst ein spiritueller Angelpunkt für Pima-Indianer, ist die Mission San José de Tumacacori heute eine verwitterte Ruine aus Ziegelsteinen. Doch leicht erkennt man die einstige Großartigkeit der Mission am Barock des spanischen Kolonialstils und am Baumaterial. Man findet anmutige Bögen, Portale und Gesimse. Ein dreistöckiger Glockenturm erhebt sich über das Baptisterium, dessen Ziegelmauern 2,75 m dick sind. In gewisser Weise ist die Mission auf 1691 datierbar, als Pater Kino einen Missions-Vorposten im nahen Pima-Dorf Tumacacori schuf (*Visita* genannt). Die Jesuiten wurden später von den Franziskanern abgelöst und Pater Gutiérrez entschied sich, eine Kirche zu bauen, die dem berühmten San Xavier del Bac den Rang ablaufen sollte. Die Arbeiten begannen um 1800 und die Kirche wurde für die Gläubigen gegen 1822 eröffnet, obwohl sie niemals ganz fertig wurde. Die unabhängige mexikanische Regierung unterstützte nicht mehr die Arbeit der Missionare und 1848 wurde die Mission geschlossen, weil sie ständige Apacheneinfälle zu ertragen hatte. Die Mönche und Gemeindemitglieder brachten das Kirchenmobiliar zu San Xavier del Bac.
Ehe die Mission 1908 zu einem Nationalmonument erklärt wurde, verfiel sie zu einer Ruine, was durch Schatzsucher noch beschleunigt wurde. Diese glaubten, daß die Priester große Reichtümer hinterlassen hätten, durchstöberten die gesamte Mission und fanden natürlich nichts.
Heute wird San José de Tumacacori als ein historischer Park geschützt. In einem Museum sind originale Holzstatuen aus der Kirche ausgestellt. Außerdem sieht man dort den Lagerraum, die Begräbniskapelle, den Friedhof und ander Teile der Anlage. Der Patio-Garten ist ein himmlischer Ort voller Obstbäume, Heilkräuter und Blumen, allesamt typisch für eine spanische Mission des 18. Jahrhunderts.
Fragen sie die Parkangestellten nach den Gottesdiensten und Feierlichkeiten, die in Tumacacori in der Weihnachtszeit, im Frühjahr und im Herbst veranstaltet werden.
Sie können ebenfalls Auskunft erteilen, wann Besucher die Ruinen von zwei weiteren spanischen Missionen sehen können, die gerade in der Nähe ausgegraben wurden - in Calabazas und Guévavi. Mit etwas Vorstellungsvermögen sollte man sich diese Luftziegelruinen betrachten und das Missionsleben vergangener Zeiten vor Augen führen.

Die malerische Ziegelsteinruine, San José de Tumacacori, gilt heute als historischer Park.

TOMBSTONE

Die Stadt Tombstone sieht aus wie ein Geschichtsbuch des Wilden Westens - mit Kugelschüssen durch den Umschlag. Es gab Spielhöhlen, Saloons, Tanzsäle und Bordelle, nichts fehlte hier - ganz abgesehen von der berühmtesten Schießerei in der Geschichte des Westens. Alles begann 1877 im Territorium der Apachen, als ein umherziehender Schürfer namens Ed Schieffelin auf der Suche nach Silber und Gold das Fort Huachuca verließ. Seine spöttischen Freunde sagten ihm voraus, daß er in diesem gefährlichen Landstrich nichts als seinen Grabstein (Tombstone) finden werde. Doch er stieß auf Silber und taufte sein Schürfgebiet ironischerweise "Tombstone". Als er später eine der erträglichsten Silberadern von Arizona entdeckte, nannte ihn sein Bruder einen Glückskerl (lucky cuss). Mit dem üblichen Spürsinn belegte er seine Entdeckung mit dem Namen "Lucky Cuss Mine". (Er benannte auch die Minen "Good Enough" [gut genug] und "Tough Nut" [harte Nuß].) Als sich das Silber um die Jahrhundertwende zu erschöpfen begann, hatten die Bergleute bereits Silbererz für einen Wert von 40 Millionen $ gefördert. Dieser Reichtum lockte Schürfer, Banditen, rechtschaffene Bürger, Trunkenbolde, Huren, arbeitsame Bergleute und Abenteurer aller Art an. Die Siedlung wuchs heran, erhielt 1879 das Stadtrecht und zählte bald 5000 Einwohner. Mit dem neu gefundenen Reichtum bot Tombstone auch den entsprechenden Luxus, es hieß, daß in seinen Restaurants das beste Essen zwischen New Orleans und San Francisco gereicht wurde. (Das Restaurant Maison Dorée offerierte 1887 ein Menü mit Papillote-Kotelett und Lammstück à la Milanese.) Außerdem gab es mehr als hundert Ausschanklizenzen für alkoholische Getränke.

Die Bewohner strömten über die **Allen Street** zu den Wasserstellen, den Kasinos und Bordellen. Diese Hauptstraße ist sorgfältig restauriert worden (japanische Filmer nahmen hier bereits so manchen Samurai-Western auf). Allen Street, als der Nabel des Nachtlebens, erhielt 1879 als Bekrönung den **Crystal Palace Saloon**, eine luxuriöse Bar und Spielhalle. Im Inneren sieht man eine originale Deckenverkleidung aus gepreßtem Zinn (typisch für Geschäftsräume im Westen) und eine Replik der Mahagoni-Bar. Manchmal brauchte man fünf Barmänner gleichzeitig, um dem Ansturm der Trinker Herr zu werden. Immer noch kann man hier einen Schuß Whisky bestellen und die Bar ist mit altmodischen Schnurrbart-Handtüchern ausgestattet.

Besuchen sie auch das **Bird Cage Theater** (Vogelkäfig-Theater), dessen Türen während der ersten drei Jahre nach der Eröffnung (1881) niemals geschlossen waren. In dem Ziegelgebäude standen eine Bühnen-Show, ein Kasino und ein Bordell zur Verfügung. Seinen Namen

erhielt das Etablissement, weil Gehäuse in der Form von Vogelkäfigen von der Decke hingen, in denen sich die "Damen des Abends" zur Schau stellten. In dem legendären Bird Cage Theater fand auch das längste Pokerspiel der Geschichte statt, es dauerte 8 Jahre, 5 Monate und 3 Tage. Man sieht immer noch den Poker-Raum mit seiner originalen Einrichtung. Außerdem ist es amüsant, einige der 140 Einschüsse zu untersuchen, die die Decke und die Wände des Lokals durchschlagen haben.
Das wilde Leben und die rapide Entwicklung von Tombstone dokumentierte das lokale Presseorgan, das ab 1880 im **Tombstone *Epitaph* Office** erschien. (John Clum, der Herausgeber und Begründer, erklärte hierzu: "Kein Grabstein ist ohne einen *Epitaph* vollständig.") Besuchen sie das Büro, um die Originalexemplare der Zeitung und die frühen Ausgaben zu sehen. In den Leitartikeln schlug sich die Zeitung *Epitaph* auf die Seite der Gebrüder Earp, nach deren Schußwechsel mit den Clantons am **OK Corral**; der Viehpferch ist eine der Hauptattraktionen von Tombstone. Die berühmteste Schießerei in der Geschichte des Wilden Westens fand hier im Oktober 1881 statt. Die Historiker sind sich über die genauen Details nicht ganz einig, aber dieser Kampf entstand aus

Pistolenhelden, Spieler und Kutschenreisen,- all das gehört zum Vergnügen im historischen Tombstone.

einer alten Fehde in Cochise County. Das eine Lager bestand aus dem Sheriff Johnny Behan und der Bande von Ike Clanton, im Grunde "Rancher", die vom Viehdiebstahl lebten. Diese "Aktivität" unterminierte die Macht der US-Vollzugsbeamten Virgil, Wyatt und Morgan Earp, die mit ihrem Freund, dem tuberkulosekranken, alkoholisierten und schießwütigen Dentisten John "Doc" Holliday das andere Lager bildeten. Am frühen Nachmittag des 26. Oktober trafen die beiden Parteien am OK Corral aufeinander. Wyatt Earp sagte: "Ihr Hurensöhne wollt den direkten Kampf schon lange, jetzt könnt ihr ihn haben." Beide Seiten eröffneten das Feuer mit Schrotflinten und Pistolen aus nächster Nähe, für 30 lange Sekunden. Am Ende waren drei aus der Clanton-Bande tödlich getroffen und Virgil und Morgan Earp trugen Verwundungen davon. Die Earps wurden vor Gericht angeklagt, erhielten aber vom Richter uneingeschränkten Freispruch, da er die Tötungen für "voll berechtigt" erklärte, weil sie zu den Pflichten einer Rechtsperson gehörten. Heute können die Touristen dort entlang

Im allgemein bekannten Boothill Cemetery fanden die Übeltäter, die beim OK Corral starben, ihre letzte Ruhe.

gehen, wo die Helden fielen und Kunstfiguren an den Stellen sehen, wo die Pistolenschützen standen.

Der folgerichtig nächste Haltepunkt wäre das **Boothill Cemetery** (Friedhof), wo die drei Clantons beigesetzt sind, nach ihrer "Verdammung in alle Ewigkeit", wie es die Zeitung *Epitaph* ausdrückte. Der Friedhof auf dem Hügel, mit Blick über Tombstone und die Wüste, gewährt mehr als 250 Leuten die letzte Ruhe, von denen viele von den Indianern ermordet, erhängt oder sonstwie getötet wurden oder die bei Schießereien auf der falschen Seite standen. Zu den Insassen des Friedhof zählen eine beliebte Prostituierte namens Dutch Annie und John Heath, ein wegen Mord angeklagter, den 1884 der Mob lynchte. (Der Untersuchungsrichter protokollierte, daß er "sich selbst erhängte oder auf andere Weise" starb.) Sie können in dem Friedhof umherwandern und die bizarren Grabinschriften lesen, die das Leben und den Tod im alten Westen auf den Punkt bringen: "Hier liegt Lester Moore/Vier Kugeln/ Von einer 44er/Nicht weniger/Nicht mehr." Eine andere lautet: "George Johnson - wegen eines Irrtums erhängt."

Die Justiz der Westgrenze wurde - so wie sie nun einmal war - im **Tombstone Courthouse** (Gerichtsgebäude) zugemessen. Da Tombstone als die größte Stadt zwischen St. Louis und San Francisco galt, wurde sie der Sitz von Cochise County (Bezirk Cochise) und hatte damit Anrecht auf ein offizielles Gerichtsgebäude. Der 1882 in roten Backsteinen errichtete klassizistische Bau viktorianischer Prägung gehört heute zu einem staatlichen historischen Park. Er enthält die Rekonstruktion des Gerichtsaals mit der originalen Richterbank und der Anklagebank.

Ein sehr viel freundlicheres Wahrzeichen ist das **Rose Tree Inn**, ein ehemaliges Gästehaus und Hotel für die Bergleute, das nach einem Lady Banksia-Rosenbusch benannt ist, der 1885 gepflanzt wurde. Seit damals hat er sich über eine Fläche von 743 qm ausgebreitet und erhebt den Anspruch auf eine Erwähnung im *Guinness Book of World Records* als der Welt größter Rosenstrauch. Im Frühjahr halte man nach seinen weißen Knospen Ausschau.

Das Gasthaus ist heute ein Museum mit Räumen, die im Stil jener Zeit eingerichtet sind. Die Möbel gehörten einem

Die berühmteste Schießerei des Wilden Westens fand 1881 an dem allseits bekannten Corral (Pferch) in Tombstone statt.

Im Tombstone Courthouse von 1882 nagelten einst die Richter die Justiz des Westens fest.

Pionier der achtziger Jahre des 19. Jahrhunderts.
Zu den **weiteren Sehenswürdigkeiten** von Tombstone zählt die älteste protestantische Kirche, die St. Paul's Episcopal Church, die 1881 erbaut wurde. Die Shieffelin Hall ist ein Ziegelbau von 1881, in dem umherziehende Theaterkompanien ihre Stücke darboten und der Meisterboxer John L. Sullivan seine Schaukämpfe zeigte. Dioramas illustrieren die Frühzeit von Tombstone im Arizona Territorial Museum und im Historama-Programm kommen Filme und bewegte Figuren zum Einsatz, um die Stadtgeschichte zu erklären. Die Fly Exhibition Gallery zeigt das Werk des Fotografen der Pionierzeit C.S. Fly, einschließlich eines Porträts des Apachenhäuptlings Geronimo. Man kann auch die Good Enough-Mine besichtigen.
Zu den kaum übersehbaren Attraktionen zählen die Schießereien und Bar-Krawalle, die von kostümierten Banditen vorgeführt werden. Während sie das Geknalle der Pistolen hören und die Körper fallen sehen, gewinnen sie einen Eindruck davon, wie die "gute (?) alte Zeit" in Tombstone ausgesehen haben mag.

BISBEE

Als ein Schürfer bei Mule Pass Gulch (Maultierpaß-Schlucht) 1875 Kupfer entdeckte, regte ihn das keineswegs auf. Er hatte nach Gold oder Silber gesucht und machte sich davon, ohne eine Mutung abzustecken. Zwei Jahre später stieß ein Kundschafter der Armee namens Jack Dunn ebenfalls auf Kupfer. Er reichte seine Ansprüche ein, verlor sie aber bei einer Wette, als er - betrunken wie er war - behauptete, er könne schneller rennen als ein Reiter. (Natürlich konnte er das nicht.) Schließlich wurde die Kupfermine von dem Richter DeWitt Bisbee und fremden Investitoren ausgebeutet. Dann kaufte die East Coast Phelps Dodge Company das angrenzende Land und um einen Rechtsstreit um das Kupfererz zu vermeiden, fusionierten die beiden Gesellschaften.
Ein ansehnliche Stadt wuchs rings um das ursprüngliche Kupferbergwerk. Eine Bergarbeiterhütte beherbergte sogar eine Schule, auch wenn die Schüler sich manchmal in einem nahgelegenen Stollen verstecken mußten, weil man feindliche Indianer in der Nähe gesehen hatte. Die "Sünde" verbannte man in eine **Brewery Gulch** genannte Nebenschlucht, wo sich Kasinos, Bordelle und Saloons aneinanderreihten. Da die Brauerei ihren Hefesatz in den Rinnstein spülte, war die Straße "mit einem mehrere Zentimeter hohen Schleim bedeckt". Um 1900 galt Bisbee mit 20.000 Einwohnern als die größte und reichste Stadt Arizonas. Der Kupferbergbau dauerte bis 1975 und warf insgesamt 2 Miliarden $ ab.
Mit Schutzhelm und Regenmantel können sie auf Förderwagen durch die Stollen der **Copper Queen Mine** fahren (insgesamt gibt es 230 km Stollen). Oder besuchen sie die **Lavender Open Pit Mine**, ein riesiges Loch in der Erde, das durch den Abbau im Tagebau von hunderten von Millionen Tonnen Kupfererz und taubem Material entstand. Das **Bisbee Mining and Historical Museum** macht die Ortsgeschichte anschaulich und erklärt anhand von Dioramas und historischer Ausrüstung den Kupferbergbau; das Museum befindet sich im ehemaligen Hauptquartier der Copper Queen-Bergbaugesellschaft.
Das **Bisbee Restoration and Historical Society Museum** zeigt ebenfalls Objekte der Vergangenheit, von Haushaltsmobiliar bis zu einem Blackjack-Spieltisch aus dem Brewery Gulch-Saloon.
Das **Copper Queen-Hotel** von 1902 versetzt uns in die Tage zurück, als Besbee ein erregender Ort für alle war, vom Bergwerksmagnat oder Politiker bis zum glücklichen Schürfer, der hier seine Beute verpraßte.

Aufstieg und Niedergang hingen in Bisbee von den Kupferminen ab, die bis 1975 in Betrieb waren. Noch heute sieht ein Großteil der Stadt so aus, wie er sich am Ende des 19. Jahrhunderts darbot.

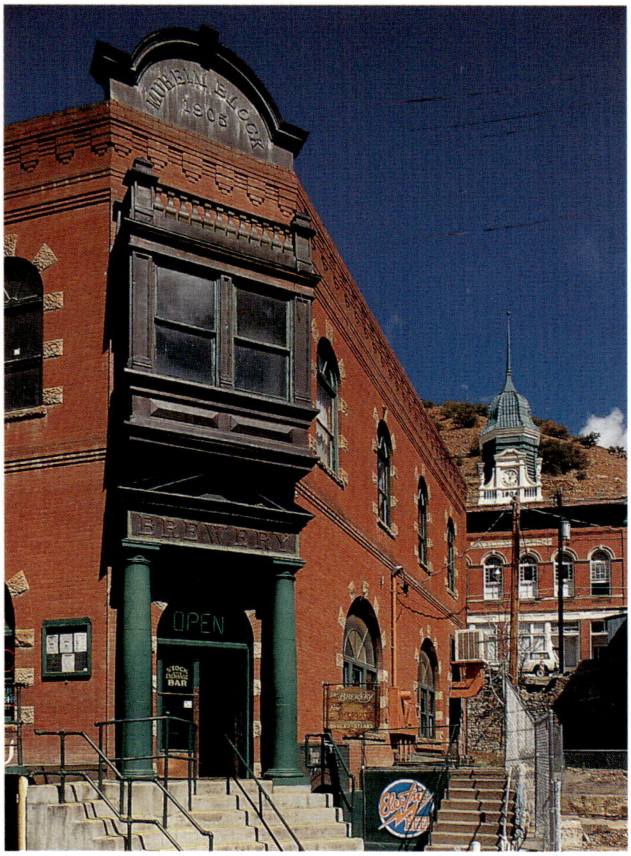
MUHEIM BLOCK
BREWERY
OPEN
STOCK EXCHANGE BAR

CHIRICAHUA NATIONAL MONUMENT

Dies ist die ehemalige Wohnstätte der Cochise- und Chiricahua-Apachen, bei ihnen hieß die Gegend das "Land der aufragenden Felsen". Vulkangestein wurde durch die Kraft der sich über Jahrtausende hin auffaltenden Gebirge zerborsten und erodierte dann zu bizarren Formationen wie Türme und Felsnadeln. Für einen guten Überblick folgen sie dem **Bonito Canyon Drive**, der 9,6 km am Nordende der Chiricahua Mountains emporklettert, bis zu dem 2095 m hohen Massai Point, wo man eine Panoramaansicht der zerspaltenen Lavaschichten gewinnt. Von hier können sie dem leicht begehbaren **Massai Point Nature Trail** oder der Schleife des 5,6 km langen **Echo Canyon Trail** folgen. Der **Heart of Rocks Trail** bringt sie zu seltsam geformten (und benannten) Formationen wie Duck on a Rock und Punch and Judy.

Das Gelände des 4856 ha großen National Monument erlebt man am besten zu Fuß. Andere **Pfade** sind der Rhyolite Canyon Nature Trail, der der örtlichen Flora gewidmet ist und der Faraway Meadow Trail, der besonders gut zur Vogelbeobachtung geeignet ist. Um besser zu verstehen was sie sehen, halten sie kurz im **Visitor Center**, dessen Schautafeln der hiesigen Umwelt, der Geologie und der Fauna gewidmet sind. In der Umgebung finden sich die Schlupfwinkel von Schwarzbären, Rehen, Nabelschweinen, Nasenbären und Eidechsen. Zu den Waldbäumen der Chiricahua Mountains zählen Douglasfichten, Gelbkiefern, Eichen, Zypressen und Espen. Wenn sie im Sommer kommen, werden sie diese Gegend erstaunlich regenreich finden, fast jeden Nachmittag gibt es ein Gewitter.

Nachdem die ortsansässigen Chiricahua-Apachen unterworfen waren, siedelte sich eine schwedische Familie im Bonita Canyon an und bewirtschafteten dort ihre **Faraway Ranch**. Neil und Emma Erickson und deren Tochter Lillian mit ihrem Gatten nutzten sie auch als Gäste-Ranch. Die Familie blieb 91 Jahre auf dem Besitz, bis ihn 1979 der National Park Service kaufte. Heute ist es möglich, die Ranchgebäude zu besichtigen und nachzuvollziehen, wie dieses Pionierleben auf der Faraway Ranch vonstatten ging. Die Ranch hatte diesen Namen, wie Lillian Erickson erzählte, weil sie "gottweit von allem anderen entfernt lag".

Steinsäulen und Felswände bestimmen die Landschaft von Chiricahua National Monument, der einstigen Heimstätte der Apachen.

ORGAN PIPE CACTUS N.M.

Wenn sie die 1336 qkm dieses Parks durchstreifen - es handelt sich um das größte "Nationalmonument" Arizonas - zeigt sich die Sonoran Desert von ihrer theatralischen Seite. In der Mitte der "Bühne" befindet sich der Organ Pipe Cactus (Orgelpfeifen-Kaktus). Er ähnelt dem Suguaro, nur daß alle Arme direkt von der Erde aus empordrängen. 31 Kakteenarten spielen in dem "Monument" ihre Rolle und der seltene Elefantenbaum dankt ebenfalls für den Beifall. Mehr als 270 Vogelarten treten in Erscheinung, zusammen mit dem Dickhornschaf, Präriefüchsen, Wildkatzen,

Mehr als 30 Kakteenarten wachsen hier, einschließlich dem Orgelpfeifenkaktus und dem Elefantenbaum (siehe auch folgende Seiten).

Langnasenfledermäusen, Känguruhratten und Eidechsen. Folgen sie dem **Puerto Blanco Scenic Drive** zu einer Oase, die sich Quitobaquito nennt. Dort gibt es eine Quelle, die sich in einen von amerikanischen Pappeln gesäumten Teich ergießt. Reisende wie Pater Kino und die "Forty-Niners" auf dem Weg zum kalifornischen Goldrausch hielten früher an dieser Stelle an, da es nur wenige Wasserquellen gab. Sie befanden sich auf einem Weg durch das südliche Arizona, den die Spanier "Camino del Diablo" (Teufelsgang) nannten. Heute wird Quitobaquito von ziehenden Enten und anderen Wasservögeln besucht, während die Bläßhühner das ganze Jahr über anwesend sind. An dem Weg liegt auch Senita Basin, wo Elefantenbäume zu sehen sind, die den Orgelpfeifenkakteen ähneln, nur daß sie zusätzlich noch graue "Barthaare" tragen.
Der **Ajo Mountain Drive** führt in die zerklüfteten Ausläufer von Mount Ajo

(1466 m), vorbei an Gruppen von Orgelpfeifenkakteen. (Die langen Arme dieser Wüstenpflanzen erinnern an Orgelpfeifen.) In überwältigender Umgebung können sie dem Estes Canyon-Bull Pasture Trail durch eine Schlucht und über einen Grat folgen, bis sie schließlich zu einer Weide kommen, auf der einst Rancher ihren Viehbestand weiden ließen. Vom Desert View Nature Trail genießen sie eine schöne Aussicht und der Victoria Mine Trail geleitet sie zu einem verlassenen Bergwerk, in dem einst Blei, Silber und Gold geschürft wurden. Doch der wahre Schatz des Naturparks sind die Frühlingsblumen, die dank einer überraschenden jährlichen Niederschlagshöhe von 23 cm wachsen können: Die purpurroten Becher des Igelkaktus, die schmutzig-gelben Blüten des Grünholzbaumes, die magentafarbenen Orthocarpus-Stauden, blaue Lupinen, Aprikosenmalven und Wüsten-Ringelblumen.

YUMA

In Yuma ist es wirklich heiß. Es heißt, daß dieser Ort mehr Sonnenschein empfängt als jede andere Stadt der Vereinigten Staaten. Daher die Beliebtheit bei bei den winterlichen "Schneevögeln", die sich aus dem frostigen Norden hierher flüchten und der erfolgreiche Anbau von Zitrusfrüchten. Das erklärt auch, warum Gefangene, die in das Yuma Territorial Prison (Gefängnis) geschickt wurden, eine zusätzliche Strafe ertragen mußten: Im Sommer hatten sie eine Temperatur von bis zu 57° C auszuhalten. Ein Journalist der sechziger Jahre des 19. Jahrhunderts berichtete über das Ausmaß an Hitze: "Jedes Ding trocknet aus; Waggons trocknen; Menschen trocken; Hühner trocknen; am Ende des Sommers bleibt kein Saft in irgendetwas, sei es lebendig oder tot.... Hühner, die in dieser Jahreszeit ausgebrütet werden, sagen erfahrene Insassen von Fort Yuma, verlassen die Eierschalen bereits fertig gekocht..."

Yuma entstand aus seiner Lage am Colorado River, der (bevor er aufgestaut wurde) eine wahre Naturgewalt war und an diesem schmalsten Punkt immer noch eine Breite von 183 m erreichte. Doch in Yuma war der Fluß flach genug, daß man ihn ohne Gefahr überqueren konnte, wie spanische Entdecker im 18. Jahrhundert berausfanden.

Im 1876 aus Stein und Ziegeln erbauten Yuma Territorial Prison (Gefängnis) schmachteten die Gesetzlosen des Wilden Westens, die zu sechst in eine Zelle geworfen wurden.

Das Gelände in der Nähe von Yuma, Sanddünen ohne Vegetation, ein Anzeichen des äußerst heißen Klimas.

Soldaten und Padres bauten ein Fort und eine Mission auf der entfernteren Seite des Flusses, doch 1781 kam es zu einem Aufstand der Quechan-Indianer, sie töteten die meisten Mitglieder der spanischen Kolonie, die Kontrolle Spaniens über die Yuma-Furt war beendet.

Nachdem die Vereinigten Staaten 1846 Anspruch auf das Gebiet erhoben hatten, ließ Oberst Philip Cooke einen Weg bis nach Kalifornien treiben, den später die "Forty-Niners" auf dem Weg zu den Goldminen benutzten. Die Indianerüberfälle blieben ein Problem, daher verlegte man 1851 Fort Yuma auf die kalifornische Seite des Flusses. Dann wurden die Indianer von Yuma unterworfen und Flußdampfer schufen eine Verbindung mit dem Fort. Auf der Seite, die zu Arizona gehört, entstand eine Stadt. Yuma stammt wahrscheinlich von den Rauchsäulen ab (*umo* in Altspanisch), die von den Feuern emporstiegen, die die Indianer bei ihren Regenzeremonien anzündeten. Da das Territorium von Arizona praktisch gesetzlos war, drängten die anständigen Bürger schließlich darauf, daß Diebe und Mörder hinter Gitter kämen. 1876 baute man, weitgehend unter Mitarbeit der Häftlinge, das **Yuma Territorial Prison** aus Stein und Ziegeln. In jede Zelle kamen sechs Insassen, aber trotz dieser Enge galt die Haftanstalt als eine fortschrittliche Einrichtung, in der sich die einzige Bibliothek von Yuma befand und in der ein akzeptables Essen verabreicht wurde. Heute können sie die Zellen und den Wachturm besichtigen; ein Museum zeigt Fotografien und Gegenstände, die die Gefangenen benutzten und oftmals auch hergestellt hatten.

Die Geschichte von Yumas Bürgern, die sich weitgehend an das Gesetz hielten, ist in der Arizona Historical Society nachvollziehbar, deren **Century House Museum** in einem Ziegelgebäude von 1871 untergebracht ist. Im dazugehörigen Garten gibt es exotische Pflanzen und Volieren mit Vögeln. Der anliegende Adobe Annex (Ziegelanbau) gehörte einem Dampfbootkapitän der neunziger Jahren des 19. Jahrhunderts. Am alten Dampfboote-Landeplatz besuchen sie das **Yuma Quartermaster Depot**, das die Armee bis 1883 benutzte, um während der Indianerkriege die Forts in Arizona zu versorgen. Man kann die Offizierswohnungen und andere Baulichkeiten besichtigen. Sie wurden in dem Zustand erhalten, den sie im Jahr 1876 hatten, ehe hier die Eisenbahn eintraf und zusammen mit dem Bau des Laguna-Dammes das Geschäft mit der Dampfbootlinie unterbrach. Der Damm sammelte allerdings so viel Wasser, daß in Yuma eine bedeutende Landwirtschaft entstand.

PHOENIX

In Phoenix sind sie von Bergen umgeben, sie befinden sich in dem Valley of the Sun (Sonnental), wie es die Einheimischen nennen. Im Osten erheben sich die Superstition Mountains, in denen immer noch die sagenumwobene Lost Dutchman Mine (die Mine des verlorenen Holländers) verborgen sein mag. Die South Mountains bilden den größten Stadtpark der Welt, der sich mit seinen 6070 ha hervorragend zum Picknicken eignet. Der malerisch geformte (und benannte) Camelback Mountain (Kamelrücken-Berg) liegt im Nordosten und der Squaw Peak erhebt sich mitten in der Stadt.

In alten Zeiten war dieses 2590 qkm große Tal die Heimstatt der Hohokam-Indianer. Schon im Jahr 300 v. Chr. gruben sie Bewässerungskanäle, um den Salt River zu bändigen und ihre Baumwoll-, Mais-, Bohnen- und Kürbisfelder zu bewässern. Etwa 400 Jahre nach dem misteriösen Verschwinden dieser Indianer (um 1450 n. Chr.), kamen diese Kanäle wieder in Gebrauch. Ein ehemaliger Armeeoffizier der Konföderierten entschied, eine Betriebsgenossenschaft zu gründen, die Kanäle auszuheben und die in dem Tal mögliche Landwirtschaft zu entwickeln. Innerhalb eines Jahres erntete er Weizen und Gerste.

Eine Ansiedlung wuchs heran und gegen 1870 nannte sie ein Engländer Phoenix; er hatte prophezeit, daß die Stadt aus den Ruinen der Hohokam-Kultur wachsen würde, so wie sich der mythische Vogel Phönix aus seiner eigenen Asche erhob. Tatsächlich wurde die schnellwachsende Stadt innerhalb 20 Jahren die Hauptstadt des Territoriums. Da Phoenix an der Nordecke der Sonoran Desert angelegt ist, brauchte es einen Stoff, um sich von einer landwirtschaftlichen Stadt zur neuntgrößten Stadt Nordamerikas zu entwickeln, nämlich Wasser. Auf diese Notwendigkeit reagierte man 1911 mit dem Bau des Roosevelt-Dammes. Mit ausreichenden Wasservorräten gelang eine starke Entwicklung der Baumwollindustrie. Die Viehhöfe kamen gleich an zweiter Stelle nach denen von Chicago. Im zweiten Jahrzehnt des 20. Jahrhunderts begannen die Ärzte der Ostküste damit, denjenigen Patienten, die an Krankheiten der Atemwege litten, trockene Wüstenluft vorzuschreiben, so daß Phoenix das Ziel von Gesundheitssuchern wurde.

Die Leute aus dem Osten besuchten auch sog. "dude Ranches" (Vernügungsfarmen), um wie Cowboys zu leben und die Gegend zu durchstreifen. Zu den Winterbewohnern in den dreißiger Jahren des 20.

Das glitzernde Phoenix wuchs in den siebziger Jahren des 19. Jahrhunderts heran und entwickelte sich zur neunten Stadt der Vereinigten Staaten. Es hat als kulturelles Zentrum und Erholungsort viel zu bieten.

Die Kathedrale von Phoenix erhebt sich vor dem strahlend reinen, tiefblauen Himmel Arizonas.

GIFT SHOP

Jahrhunderts gehörten Magnaten der Ostküste, wie der Kaugummiproduzent William Wrigley, Jr. und Cornelius Vanderbilt.
Mit dem Zweiten Weltkrieg wuchsen neue Industriezweige heran. Doch die Erfindung von kostengünstigen Klimaanlagen erzeugte fast ganz allein eine gewaltige Bauentwicklung im "Sonnengürtel" des Südwestens, denn nun war es möglich, das ganze Jahr über komfortabel in der Wüste zu leben. In den vier Jahrzehnten nach 1950 verdoppelte sich die Bevölkerung im Großraum von Phoenix - und verdoppelte sich dann nochmals. Viele Senioren kamen in das Sonnental, um dort nach ihrer Pension zu leben. (Einige Gemeinden wie Sun City lassen tatsächlich keine Einwohner unter 55 Jahren zu.) In der Stadtmitte brachte Phoenix' schnelle Entwicklung die üblichen urbanistischen Probleme mit sich. Die Stadt hat in den USA mit die höchste Luftverunreinigung und eine nachlässige Kontrolle über den Wohnungsbau hat die eindrucksvollen Berge und Schluchten verschandelt.
Der Tourismus hat diese Entwicklung noch beschleunigt. In diesem sonnengebadeten Erholungsgebiet entstand die enorme Anzahl von 50.000 Schwimmbädern, fast 100 Golfplätzen und etwa tausend Tennisplätzen. In jedem Jahr kann man sich an mehr als 300 Sonnentagen im Freien vergnügen, dabei werden kulturelle und urbane Annehmlichkeiten nicht vernachlässigt. **Die Civic Plaza** ist mit einem Konzertsaal und einem Theater ausgestattet. Das **Arizona Center** bietet Restaurants, Nachtklubs und Geschäfte und der 1,2 ha große terrassierte Garten bietet Schatten zum Entspannen; dieser ultramoderne Gebäudekomplex mit Büros und Vergnügungseinrichtungen wurde 1991 für 200 Millionen $ gebaut.
Ebenfalls in der Stadtmitte, aber ganze Welten entfernt, liegt der **Heritage Square** mit der größten Ansammlung von Häusern aus der Zeit um 1900. Das **Rosson House** (1895) war die elegante Residenz eines Feldarztes und wurde im eleganten viktorianischen Eastlake-Stil erbaut, mit Türmchen und Veranda. Man hat es vollkommen restauriert und zur Besichtigung freigegeben. Das Burgess Carriage House nebenan wurde im Kolonialstil von Williamsburg entworfen, ein bischen zu fein für den Wilden Westen. Andere historische Wohnhäuser an dem Platz dienen heute als Tea Room, Kunsthandwerksgalerien und Cafés. Das **Arizona State Capitol** aus Granit hat man in dem Zustand von 1912 restauriert, das war das Jahr, in dem Arizona der 48. Staat der USA wurde. Auf der Kupferkuppel des Gebäudes befindet sich der geflügelte Sieg, der als Wetterfahne dient. Die Cowboys benutzten sie regelmäßig für Zielübungen mit ihren Colt-Revolvern. Zu den Ausstellungsstücken im Kapitol gehört eine Wachsfigur des Gouverneurs der Frühzeit, George Hunt, der an seinem Tisch sitzt. 1960 war die gesetzgebende Körperschaft des Staates zu sehr angewachsen, als daß sie noch hier zusammentreten konnte. Heute sind im Senat und dem Abgeordnetenhaus historische Objekte und Dokumente ausgestellt, einschließlich der Staatsproklamation Arizonas; außerdem Gegenstände, die

John Wesley Powell benutzte, um den Colorado River zu erforschen sowie die Fahne aus dem spanisch-amerikanischen Krieg, die die Rough Riders (ein Freiwilligen-Regiment) trugen. Mehr über die Vergangenheit erfährt man im Gebäude der First Interstate Bank im **Arizona History Room**, wo sie die erste Bank sehen, die in Arizona eine Konzession erhielt, mit originalen Schaltern, Mobiliar und Spucknäpfen. Das **Phoenix Museum of History** zeigt Indianerhandwerk und Objekte des westlichen Grenzgebietes, einschließlich der ersten Druckmaschine von Phoenix, eines Eies von einer früheren Straußen-Farm, eine Dampflokomotive und ein Modell des Schlachtschiffes Arizona. Die **Arizona Historical Society** im Ellis-Shackeleford-House, ein Wohnhaus von 1917, stellt so moderne Einrichtungen zur Schau wie ein zentrales Staubsaugersystem, Solarheizung und automatisch gespülte Toiletten.

Das **Arizona Mining and Mineral Museum** zeigt Muster aller Mineralien, die im Staat gefunden wurden, einschließlich schöner Kupfererze, die Farbtöne von Türkis bis zu Malachit aufweisen. Das **Phoenix Art Museum** besitzt eine qualitätvolle Sammlung von mexikanischer und französischer Kunst und die faszinierenden Thorne Miniature Rooms, die Reproduktionen vom Inneren europäischer und amerikanischer Gebäude mit geschichtlicher Bedeutung sind. Das **Pueblo Grande Museum and Cultural Park** ist einer der wenigen Orte, wo das Publikum die Ruinen eines Hohokam-Dorfes und die dazugehörigen Bewässerungskanäle aus dem 13. Jahrhundert sehen kann. Ebenfalls im **Umkreis von Phoenix** gibt es das Cave Creek Museum (frühgeschichtliche Indianer, Bergbau und Viehzucht), einen Zoo und das Mystery Castle (das ist ein Haus, das mit so ausgefallenen Baumaterialien wie Kraftwagenrädern gebaut wurde). Der botanische Wüstengarten der Stadt könnte sie zur Abenteuersuche im Kakteenland und in den Bergen des Sonnentales verleiten.

Drei Ansichten des historischen Arizona State Capitol mit der Statue des geflügelten Sieges. Das Civic Center (S. 46) und das Arizona Center (S. 47) zeigen zwei typische Beispiele für die Mischung zwischen dem alten und neuen Phoenix.

SCOTTSDALE

Geschichte und moderner Lebensstil treffen sich in Scottsdale, einem Erholungsort östlich von Phoenix. Die "Grenzgebäude" in dem historischen Viertel sehen ganz nach Wildem Westen aus, während der modische Neue Westen von Kunstgalerien, Restaurants und Boutiquen mit internationaler Atmosphäre vertreten wird. Die Stadt heißt nach dem Armee-Kaplan Winfield Scott, der 1888 in der Nähe des Arizona Canal 243 ha Land kaufte und eine Siedlung gründete. Es entstand eine friedliche Gemeinde - ohne Saloons und Schießereien - deren Bewohner sich um den Anbau von Luzerne, Obst, Oliven und Baumwolle kümmerten.
In den dreißiger Jahren des 20. Jahrhunderts zog es kreative Menschen hierher, insbesondere Frank Lloyd Wright, der an den McDowell Mountains **Taliesin West** baute, das als Architekturfirma und Schule für die Wrightschüler diente, mit Gebäuden aus Stein, Redwood (Eibennadliger Mammutbaum), Leinwand und Plastik. 1956 gründete Paolo Soleri, ein ehemaliger Student, die **Cosanti Foundation**, die seiner Vorstellung von Städten gewidmet ist, in denen Raum und Energie gewahrt bleiben; dort sind die Ateliers und Werkstätten aus Betonformen gegossen.

CASA GRANDE RUINS N.M.

Casa Grande ist wahrscheinlich das rätselhafteste Gebäude in Arizona und der einzige erhabene Bau, der sich von der frühen Hohokam-Kultur erhalten hat. Dieses kulturell hoch entwickelte Volk grub bereits Bewässerungskanäle und errichteten das, was Pater Kino, nach einem Besuch von 1694, "die Casa Grande (großes Haus)" nannte, "ein vier Stockwerke hohes Gebäude, so groß wie ein Schloß und mit der schönsten Kirche im Land von Sonora vergleichbar". Es entstand 1350 n. Chr. aus unvermischtem Caliche (ein Bodenprodukt, das Kalziumkarbonat enthält) und 600 Holzbalken, die aus Bäumen zurechtgeschnitten wurden, die die Indianer aus beachtlicher Entfernung heranschleppten. Heute schützt ein Stahldach die Ruine mit ihren 11 Räumen vor Wind und Sonne. Die Hohokam könnten diese fast 11 m hohe Struktur als ein astronomisches Observatorium benutzt haben, um die Sonnenwenden festzulegen. An derselben Stelle gibt es außerdem einen noch nicht ausgegrabenen Ballspielplatz, kleinere Gebäude und ein Besucherzentrum, das all das erklärt, was man bisher über diese alte Kultur weiß. Nachdem nur wenige Generationen Casa Grande benutzt hatten, verschwanden die Hohokam 1450 unter mysteriösen Umständen.

Das elegante Scottsdale, wo der alte Westen auf den neuen Westen trifft.

War es ein astronomisches Observatorium? Das ist nur eine der offenen Fragen bezüglich der Casa Grande Ruins.

LAKE HAVASU

Es ist auf wundervolle Weise absurd, daß mitten in der Wüste von Arizona ein 5261 ha großer See liegt. Und diese irreale Szenerie schließt außerdem die wirkliche London Bridge und ein falsches englisches Dorf mit ein. Willkommen in Lake Havasu City! Alles begann 1964, als der Kettensägenfabrikant Robert McCulloch entschied, eine neue Stadt zu entwerfen. Um für das Projekt zu werben, kaufte er die altmodische, 283 m lange London Bridge für fast 2,5 Millionen Dollar. Dann ließ er die Brücke in ihre Einzelteile zerlegen und transportierte die Granitblöcke etwa 16.000 km weit nach Lake Havasu City. Dort ließ er alles wieder als Touristenattraktion zusammensetzen. Damit die berühmte Brücke irgend etwas überspannte, mußten die Bauentwickler einen Kanal ausheben und eine künstliche Insel schaffen. In der Nähe bauten sie ein "englisches Dorf" mit einem Doppeldecker-Bus und einer roten Londoner Telefonzelle.
Es mag nicht verwundern, daß der Stadtplaner dieses Fantasielandes, den McCulloch engagierte, einst für Walt Disney arbeitete. Auf jeden Fall ging die Rechnung auf: Als Touristenattraktion kommt in Arizona Lake Havasu gleich nach dem Grand Canyon. Die Besucher reisen zur Erholung an den blauen See, wo sie fischen (Barsche, *Promoxis annularis*, Welse und Klumpfische), Boot fahren und Wasserskisport betreiben. (Auf dem 51 km langen See kann man mit Wasserskien eine Stunde lange in dieselbe Richtung fahren.) Es gibt viele Stellen für Picknick und fast 1300 Campingplätze. Heute hat Lake Havasu City mehr als 17.000 Einwohner. Alljährlich beherbergt es ein Dixieland Jazz Festival, Angelwettkämpfe und Schnellbootrennen.

Lake Havasu, die London Bridge und das darum herumgewachsene Städtchen sind zu einer beliebten Touristenattraktion geworden.

MONTEZUMA CASTLE N.M.

Als Entdecker erstmals 1864 diese über dem Verde Valley in den Fels gebaute fünf Stockwerke hohe Anlage sahen, waren sie sehr beeindruckt. Sie glaubten, daß solch ein "Schloß" mindestens von den hochentwickelten Azteken erbaut sein müsse und benannten es nach dem Aztekenherrscher Montezuma. In Wirklichkeit errichteten die Sinagua-Indianer des 12. Jahrhunderts diese aus 20 Räumen bestehende Struktur. Nur mit ihrer Muskelkraft und mit Hilfe von Leitern bewegten sie das Baumaterial - Kalksteinblöcke, Mörtel und Balken aus Platanenholz - hinauf in die Felswand. Sie nutzten eine schützende Höhlung 30 m über dem Beaver Creek (Bieberbach), um eine Verteidigungsanlage zu bauen, in der 50 Menschen leben konnten. Das nahgelegene **Castle A** (Schloß A) hatte sogar 6 Stockwerke und 45 Räume, ist aber sehr viel schlechter erhalten. Die 16 km nordwestlich gelegene **Montezuma Well** (Quelle) ist eine Kalksteinvertiefung von 143 m Durchmesser, in die sich 4890 Liter Wasser pro Minute ergießen. Die Sinagua bewässerten ihre Felder damit und die heutigen Farmer tun das immer noch. Man sieht Reste der antiken Gräben und Häuser, aber den Teich behausen sonst nur noch Enten und Bläßhühner.

Das hoch oben in die Felswand gebaute Montezuma Castle bot vor ungefähr acht Jahrhunderten den Sinagua-Indianern Schutz.

SEDONA

In Sedona sind mächtige Kräfte am Werk. Die Naturgewalten haben eine gewaltige Festung herausgeschliffen, mit erhabenen Felswänden und uralten Türmen aus rotem Sandstein. Die Anhänger der New Age-Bewegung behaupten, daß psychische und spirituelle Kräfte "Energiewirbel" rings um Sedona bilden. Der Bell Rock (Glockenfels) soll die Menschen mit "elektrischer" Energie aufladen und der Cathedral Rock übt angeblich eine "magnetische" Kraft aus, die beruhigend wirkt. 1987 feierte man die "harmonische Konvergenz", eine ungewöhnliche Anordnung der Planeten, die ein Zeitalter von Frieden und Harmonie auslösen sollte. 5000 Menschen kamen nach Sedona, einige dieser Gläubigen bezahlten je 75 $, um auf dem Bell Rock zu sitzen, in Erwartung einer Abreise zum Andromeda-Sternbild.
Die überwiegende Anzahl der Besucher, die Sedonas fast magische Umgebung von roten Felsen, wandernden Wolken und immergrünen Wäldern erleben, fühlen sich inspiriert und mit Energie aufgeladen. Sie genießen die Jeep-Fahrten in das Hochland und können den **Oak Creek Canyon** (die Eichenbachschlucht) besuchen. Wenige Kilometer nördlich der Stadt öffnet sich dieser Canyon wie ein natürliches Amphitheater, das der Bach friedlich durchgleitet. Eichen und Platanen stehen am Fuß hoch emporragender roter Felswände, deren Farbe sich je nach Tageszeit verändert. Im **Slide Rock State Park** (Rutschfelsenpark) dürfen sich die Besucher ihren Hosenboden abwetzen, während sie längs einer natürlichen Wasserrutschbahn im Sandstein hinuntergleiten und dann in einem Becken landen.
Die **Chapel of the Holy Cross** (Heilig-Kreuz-Kapelle) "die Kapelle des Menschen in der Kathedrale der Natur" erhebt sich auf einem Gebirgskamm. Ein Nachfolger von Frank Lloyd Wright baute die Kapelle, in ihre Fassade ist ein monumentales Kreuz eingefügt. In der Stadt **Sedona** gibt es Restaurants, Kunstgalerien und Kunsthandwerkläden. Viele von ihnen sind im **Tlaquepaque** angesiedelt, eine Anlage in der Form eines mexikanischen Dorfes, mit Innenhöfen und Brunnen. Seit zwei Jahrzehnten ist Sedona ein Kunstzentrum und viele der ansässigen Maler und Bildhauer zeigen hier ihre Werke. Wenn ihnen die Szenerie von Sedona bekannt vorkommt, wundern sie sich nicht, mehr als 80 Wildwestfilme wurden hier in den vierziger und fünfziger Jahren gedreht. Sedonas Felsenstümpfe und Zinnen aus rotem Sandstein sind ein unauslöschlicher Bestandteil des amerikanischen Films.

Die Chapel of the Holy Cross (unten) und Cathedral Rock (nächste Seiten) flößen uns in Sedona ein Gefühl von Erhabenheit ein.

JEROME

Der Untergrund um Jerome brachte schon immer Bodenschätze hervor, bereits die Indianer gruben hier nach einem tiefblauen Stein namens Azurit, den sie für Schmuckstücke und als Pigment verwendeten. Obwohl die in moderneren Zeiten lebenden Indianer die Spanier hierher brachten, um ihnen diese Mineralentnahmen zu zeigen, glaubten die Europäer zunächst, daß der Untergrund wertlos sei. Gegen 1876 begannen jedoch amerikanische Schürfer damit, auf dem Cleopatra Hill Mutungen abzustecken. Und 1882 entschied Eugene Jerome, ein Rechtsanwalt und Finanzier aus New York, daß man am besten Geld aus dem Boden gewinnt, wenn man es in ihn hineinpumpt. Er gab 200.000 $ aus, um die United Verde Mine zu gründen, in welcher Silber gefördert wurde. (Als Gegenleistung bestand er darauf, daß die Stadt seinen Namen trüge.) William Andrews Clark kaufte die United Verde Mine 1888, dann richtete er einen Schmelzofen ein und verband die Hütte und Jerome mit einer Schmalspurbahn. Als James "Rawhide Jimmy" Douglas 1912 am Fuß vom Cleopatra Hill die Little Daisy Mine erwarb, stieß er auf eine 1,5 m dicke Kupferader. Da die Kupferpreise während des Ersten Weltkrieges anstiegen, wurde in Jerome praktisch Geld gemünzt. Die Bevölkerung stieg auf 15.000 Personen an und Jerome erlebte den typischen "Boom" (Aufschwung) wie ihn schon andere Städte dieser Art erlebt hatten, mit Spielsälen, Bordellen und Saloons. (In New York berichtete eine Zeitung, daß Jerome "die sündigste Stadt des Westens" sei.) Die Stadtplanung von Jerome erfolgte ohne jede Umsicht Der Ort entwickelte sich an einem Bergesabhang und die Häuser waren so dicht aneinandergebaut, daß jeder Anwohner - so wurde es erzählt - sich nur aus dem Fenster zu lehnen brauchte, um sein Zündholz am Schornstein des Nachbarn anzureißen. Da die Häuser aus Holz gebaut waren, entstanden im letzten Jahrzehnt des 19. Jahrhunderts drei schwere Brände. Außerdem kam es zu Überschwemmungen und in den Minen wurde so viel gesprengt, daß die Gebäude von ihren Fundamenten kippten. Die Sprengungen, eine Zeitspanne von feuchtem Wetter und die Durchlöcherung des Bodens mit mehr als 160 km langen Schächte unter der Stadt, verursachten schließlich eine Katastrophe, Jerome begann den Berg hinabzurutschen. Das **Sliding Jail** (gleitende Gefängnis) überquerte eine Straße und einen Bergesabhang und blieb erst 69 m von der Stelle entfernt stehen, wo man es ursprünglich gebaut hatte.

Einst eine Stadt fieberhafter Entwicklung mit Kupferminen, Saloons und Hotels, heute fast verschwunden. In Jerome gibt es heute historische Gebäude und Museen zu entdecken.

Schlechte Zeiten kamen, als die Weltwirtschaftskrise zur Schließung der Kupferminen führte. Nach einer kurzen Blütezeit während des Zweiten Weltkrieges schloß man 1953 die letzten Bergwerke und die Bevölkerung sank auf 50 Einwohner. Es sah so aus, als würde die Stadt ganz aufgegeben, aber in den sechziger Jahren begann ein Zustrom von Hippies, Künstlern, Pensionären und Geschäftsinhabern, die ihr neues Leben einhauchten. Jerome verwandelte sich zum Teil in eine historische Touristenattraktion, zum Teil in eine Kunstkolonie an der wilden Grenze. Ein Teil seiner 400 Einwohner betreibt heute Galerien, Boutiquen und Restaurants; eines der Restaurants ist in einem ehemaligen Bordell eingerichtet und nennt sich House of Joy (Freudenhaus).

Im **Historic District** in der Stadtmitte sollten sie sich auf jeden Fall die alten Häuser aus Stein, Backstein und Holz ansehen. An der Main Street versuchen sie sich die einstige Eleganz des Barlett Hotels vorzustellen, das heute nur noch eine Backsteinhülse ist. Oder buchen sie einen Raum in dem steinernen Connor Hotel, das nach den Bränden am Ende des 19. Jahrhunderts zweimal wieder aufgebaut wurde und immer noch in Betrieb ist.

Der **Jerome State Historic Park** besteht aus dem Douglas Mansion (Herrenhaus), das der sich in Szene setzende Minenbesitzer "Rawhide Jimmy" Douglas auf einem Hügel erbauen ließ und als Hotel und Familiensitz nutzte. Er rüstete es mit so modernen Neuerungen wie einer Dampfheizung und einem zentralen Staubsaugersystem aus und es gab Annehmlichkeiten wie einen Weinkeller und einen Billiardraum. Im oberen Stock befindet sich ein dreidimensionales Modell des alten Jerome und das Wabenmuster der Minenschächte, die im Untergrund verborgen sind. Das Haus verfügt über eine Bibliothek, restaurierte Wohnfluchten, eine Sammlung von Familienfotos und die Rekonstruktion eines Eichamtes; ein Video illustriert Aufstieg und Niedergang von Jerome. Draußen stehen ein gewaltiges Stampfwerk und verschiedenartige Minenausrüstung. Von dort blicken sie über Douglas' Little Daisy Mine, deren Fördergerüst man am Fuß des Hügels erkennt. In der Nähe steht die **Powder Box Church**, eine Kirche, die ganz aus Dynamitkästen gebaut wurde. Das Gold King Mine Museum zeigt Bergbaumaschinen, von Pumpen bis zu Erzförderwagen und den Nachbau eines Minenschachtes. Im **Jerome Historical Society Museum** gibt es Gemälde, Bergbauhandwerkszeug und Erzproben. Eine Sammlung von Aktienzertifikaten enthüllt, welch großer Reichtum vor etwa hundert Jahren in Jerome gewonnen wurde.

RED CANYON

Die Ruinen der **Palatki**-Felsenhäuser gewähren nur einen allerersten Eindruck dieser geheimnisvollen Architekturen. Sie wurden vor mehr als 800 Jahren von den südlichen Sinagua-Indianern erbaut, ihrerseits wahrscheinlich ein Mischvolk der Hohokam- und Anasazi-Indianer. Diese Sinagua lebten bereits von Landwirtschaft und pflanzten Mais, Kürbisse und Bohnen. Wie die Anasazi lebten sie in Schluchten und bauten ihre Wohnhäuser in Höhlungen und Überhängen von Felswänden.
Heute kann man die Palatki-Ruinen bestaunen, ihre Felsenwohnungen oder die Reste davon. Sie befinden sich am Red Canyon, in der Nähe von Sedona. Dort lebten die Sinagua um 1150-1250. Kurz nach diesem Zeitabschnitt - aus Gründen die kein heute lebender Mensch versteht - verschwanden die Sinagua aus dem Land der roten Felsen wie Sandkörner, die man in den Wind wirft. Einige Ethnologen glauben, daß die heutigen Hopi-Indianer Nachfahren der Sinagua sein könnten.
Die Ruinen bestehen aus zwei etwa hundert Meter voneinander getrennten Gebäuden aus Mauerwerk. (Besucher sollten sich sehr vorsichtig bewegen, um diesen leicht zerstörbaren Ort, der auch für die heutigen Indianer Bedeutung hat, zu schonen.)
Im Sonnenuntergang Arizonas nehmen die Steine einen purpurfarbenen Glanz an, so wie damals, als Palatki noch eine blühende Siedlung mit vielleicht 50 oder 100 Menschen war. Nachdem man Siedlung aufgegeben hatte, blieb alles für Jahrhunderte unverändert. Erst der Archäologe Jesse Walter, der hier 1895 eintraf, stellte Untersuchungen an. Er schätzte die ehemalige Bevölkerung, vermaß alles und fertigte Zeichnungen an. Er war es, der den Ort Palatki nannte, nach dem Hopiwort für "rot". Er wählte diesen Namen in Erinnerung an eine Sage der Hopi, in der von einem Palatkwabi (Rotes Land) die Rede ist. Die Hopi glaubten, daß dies der Ort sei, aus dem ihre Vorfahren kamen.
Sollte die Sage von den Vorfahren der Hopi tatsächlich das südliche Sinagua des Red Canyon meinen? Wahrscheinlich werden wir es niemals erfahren. Aber jede Person, die die Bedeutung eines Mysteriums zu schätzen weiß, wird sich gerne dieser Frage stellen, auch wenn sie niemals eine Antwort finden mag.

In den Palatki Ruins bewegen sie sich bitte mit größter Vorsicht. Sie dienten den alten Indianern, die bereits Mais anbauten und an den Felswänden Steinhäuser bauten, als Wohnungen.

LAKE MEAD

Lake Mead, der größte künstliche See der Vereinigten Staaten, entstand als 1935 der **Hoover Dam** gebaut wurde, der den Colorado River aufstaut, um Überschwemmungen zu vermeiden und Elektrizität zu erzeugen. Der Damm ist auf unerwartete Weise schön mit seiner gewaltigen, kühlen Betonfläche an der Außenseite und als monumentale, aber schlichte Einfügung in die wüste Felsenszenerie. Interessant sind aber auch einige statistische Angaben. Der Hoover-Damm ist 221 m hoch (wie ein 70 Stockwerke hoher Wolkenkratzer) und die 3 Millionen Kubikmeter Beton, die für diesen Bau Verwendung fanden, könnten als Straßendecke für eine vierspurige Autobahn von Kalifornien bis Florida genügen. Der Damm enthält so viel Stahl wie das gesamte Empire State Building. Man brauchte einen Güterzug, der so lang ist wie die Entfernung von hier bis nach Kansas City, um alles Material abzutransportieren, das in dem Damm Verwendung fand. Die Besucher können das Innere des Bauwerks besichtigen und die gigantischen Turbinen bewundern, die jedes Jahr vier Millionen Kilowattstunden Elektrizität erzeugen.
Der **Lake Mead** ist 177 km lang und hat die Form eines "Y", der eine Arm erstreckt sich in Richtung Virgin River (in Nevada) und der andere zum Grand Canyon. Der Stausee ist ein wundervolles Erholungsgebiet, man sieht ihn aber am besten vom Boot aus, weil nur wenige Straßen an seine Ufer heranführen. Ob sie sich nun ein Fischer- oder ein Hausboot mieten, in jedem Fall unternehmen sie eine gemächliche Reise durch die überwältigende Wüstenlandschaft, können felsige Schluchten erforschen und an sandigen Stränden schwimmen. Der See hat jede Menge Platz für Urlauber. Angler stellen den Bärschen, Forellen, Welsen, *Promoxis annularis* und Klumpfischen nach und Wasserskifahrer lassen sich über das Wasser ziehen. Oberhalb vom Damm kreuzt ein Raddampfer, mit Schlauchbooten kann man das Gebiet unterhalb von ihm erforschen, vom Black Canyon bis zu Willow Beach.
Die Nordküste, im Staat Nevada, bietet verschiedene Attraktionen wie eine **Trout Hatchery** (ein Forellenbrutplatz, den man besichtigen kann) und das überwältigende **Virgin Basin**, dessen Felsformationen so evokative Namen wie Haystacks (Heuschober) und Napoleon's Tomb (Napoleons Grab) führen. Das **Lost City Museum** in Overton, Nevada, zeigt Ausstellungsstücke aus den präkolumbischen Pueblosiedlungen im Moapa Valley, das der Lake Mead überflutete.

Der Hoover Dam staut den mächtigen Colorado River auf.

Der Lake Mead bietet mitten in der Wüste Erholung auf dem Wasser.

GRAND CANYON

"Es kommt nicht darauf an, wie weit sie bisher gewandert sind oder wie viele berühmte Schluchten und Täler sie gesehen haben, diese hier, der Grand Canyon des Colorado, wird ihnen ganz neu erscheinen, unirdisch in der Farbe und in der Großartigkeit und Menge seiner Architektur, so als hätten sie ihn nach dem Tode gefunden, auf einem anderen Stern..." So schrieb der Naturforscher John Muir 1898 und seine Feststellungen sind immer noch wahr. Das begrenzte menschliche Gehirn ist einfach nicht in der Lage, die Ausmaße und die Großartigkeit des Canyon zu erfassen.
Die meisten Besucher, die die mächtige Schlucht sehen - sie ist etwa 446 km lang, im Durchschnitt 16 km breit und 1,6 km tief - fühlen eine tiefe Ehrfurcht. Dieses Gefühl erklärt vielleicht, warum so viele Namen, die man den Felsformationen gegeben hat, aus den Weltreligionen stammen: Holy Grail Temple, Shiva Temple, Osiris Temple, Bright Angel Point.
Der Colorado-Fluß hat während der letzten fünf Millionen Jahren diese große Schlucht in das Colorado Plateau geschnitten. Gleichzeitig erodierten Schneeschmelze und Regen die Felswände. Geologisch lesen sich diese Wände wie ein offenes Buch, man sieht die geologischen Schichten von zwei Milliarden Erdgeschichte. Diese Geschichte beginnt mit Granit und führt weiter nach oben durch Schiefer, Kalkstein (zusammengesetzt aus den Tierresten antiker Meere), Tonschiefer (aus dem Schlick verschwundener Flüsse) und Sandstein, einschließlich dem Kaibab-Sandstein (nur 250 Millionen Jahre alt), der den Nord- und Südrand des Canyons bedeckt.
Auf der geologischen Uhr beträgt die Anwesenheit des Menschen nur wenige Sekunden. Archäologen, die 1933 eine Höhle erforschten, fanden kleine menschliche Figuren, etwa 4000 Jahre alt, die aus Weidenzweigen gemacht waren. 2500 Jahre später lebten die Anasazi-Indianer im Bereich des Canyons. Europäer sahen den Canyon erst 1540, als hier eine Abteilung der Colorado-Expedition eintraf. In der Mitte des 19. Jahrhunderts ließ die Regierung der Vereinigten Staaten die Schlucht erforschen, besonders erwähnenswert sind die Expeditionen von John Wesley Powell (1869 und 1871), dessen Forschergruppe das Areal mit Landkarten erfaßte, während sie auf Holzbooten den Colorado entlangfuhr. Obwohl es Schürfer gab, die dann in den achtziger Jahren im Canyon arbeiteten, war es bald klar, daß wesentlich mehr "Gold" aus den Taschen der Touristen gewonnen werden konnte. Man legte einen Pfad an, der bis zur Sohle des Canyon führte und 1901 erreichte die Eisenbahn den

Der Colorado-Fluß nagt sich unterhalb von Toroweap Point immer noch in das Gestein.

Der Desert View (Wüstenaussichtspunkt) am Südrand des Canyons.

Nächste Seiten: Die Aussicht von Mather Point.

Havasu Falls. Dieser Wasserfall frischt die Trockenheit des Südrandes auf.

Eine alte Dampflokomotive rumpelt in das Grand Canyon Village.

Nächste Seiten:
Der Point Imperial erhebt sich 2684 m hoch.

Südrand, wo das elegante El Tovar Hotel gebaut wurde, nur etwa 6 m von der Schluchtkante entfernt.
Am **South Rim** (Südrand) führt das **Visitors Center** in die örtliche Geologie und das Tierleben ein, die längs des **South Rim Nature Trail** erklärt werden. Der **West Rim Drive** (Westrandfahrweg) bringt sie zum Hermit's Rest (Eremitenruhe), der nach einem Bergmann der neunziger Jahre des 19. Jahrhunderts. benannt ist. Der **East Rim Drive** (Ostrandfahrweg) führt zu dem überwältigenden Grandview Point, zu der Tusayan Ruin (ein Anasazi-Pueblo von 1185 n. Chr.) und zum Desert View, dessen steinerner Aussichtsturm innen mit hübschen Indianerzeichnungen bedeckt ist. Im Grand Canyon Village gibt es verschiedene Unterbringungsmöglichkeiten. Um in den Canyon hinabzusteigen, können sie wandern oder mittels einer organisierten Tour auf einem Maultier reiten. In der Schluchtsohle kann man in der **Phantom Ranch** übernachten. Touristenausstatter bieten Flußfahrten mit Haltepunkten an, wo Nebenschluchten, Bergwerke und Indianerruinen zu besichtigen sind.

Da der North Rim (Nordrand) höher liegt (2500 m; Südrand: 2097 m), gibt es an ihm auch ein kühleres Klima und Wälder mit Fichten und Kiefern. Dort geht es wesentlich ruhiger zu und der Zugang ist im Winter sogar geschlossen. Die Straße führt zum **Bright Angel Point**, tief unterhalb dringen die Roaring Springs (donnernde Quellen) aus dem Felsen. Viele andere Aussichtspunkte bieten Panoramaansichten, Pfade führen in den Canyon hinunter und man kann die Wälder am Schluchtrand durchstreifen.
Am Grand Canyon ist es möglich, innerhalb eines Tages von den kühlen Waldungen hinunter zum heißen Wüstenklima der Schluchtsohle zu wandern, was einer Reise von Kanada nach Mexiko entspräche. In dieser Umgebung leben viele Tiere wie Pumas, Maultierhirsche und die Quastenohrhörnchen, letztere gibt es nur am Grand Canyon. Am Himmel kreisen See- und Steinadler, am Canyonboden leben Eselhasen, Klapperschlangen und Halsbandeidechsen. Je nach Licht erfolgt der ewige und stille Wechsel von Farbschattierungen

WUPATKI NATIONAL MONUMENT

Unter den beachtenswerten Dingen, die sie auf diesem mit 2500 präkolumbischen Resten übersäten Gelände sehen werden, gibt es ein Zugloch in der Nähe von Wupatki Ruin. Bücken sie sich und halten sie ihre Wange in die Nähe dieser Bodenöffnung. Sie werden spüren, daß Luft herausströmt (oder hineindringt, je nach Wetterbedingungen). Dieser sanfte Wind trifft sie wie der Atem der Erde oder vielleicht wie das Flüstern eines Wüstengottes. In jedem Fall scheint es so, daß diese Zuglöcher einst eine religiöse Bedeutung oder sonstige Wertigkeit hatten, denn in ihrer Nähe entstanden viele präkolumbische Pueblos. Ein Netzwerk von unterirdischen Spalten verbindet dieses Zugloch mit anderen auf diesem Areal.

Die Form der Siedlung wurde von einem anderen natürlichen Phänomen beeinflußt, nämlich dem Ausbruch des Sunset Crater, der 32 km entfernt liegt. Im Jahr 1064 n. Chr. spuckte der Vulkan Lava und schleuderte Asche hoch in den Himmel. Die hier ansässigen Sinagua-Indianer verließen das Gebiet, kamen aber einige Jahrzehnte später wieder, denn sie hatten entdeckt, daß durch die Asche der Boden weitaus fruchtbarer geworden war.

Zu den Sinagua gesellten sich Anasazi aus dem nordöstlichen Arizona und es entstand eine Gruppe von Dörfern. Die Einwohner erwiesen sich als erfolgreiche Händler und Bauern, die Mischung von Kulturen bewirkte Ideenaustausch, was für alle Teile von Vorteil war. Obwohl die Sinagua in früheren Zeiten in Hütten aus Zweigen und in Grubenhäusern gelebt hatten, bauten sie in Wupatki große, vielstöckige Pueblos. Das größte nennt sich **Wupatki Ruin**, es entstand um 1120, ist drei Stockwerke hoch und enthält fast 100 Räume. Der Archäologe Jesse Fewkess, der die Ruine 1896 kartographisch erfaßte und fotografierte, gab ihr den Hopi-Namen Wupatki, was "großes Haus" bedeutet. Ein für die Anlage typischer Raum hatte ein Feuerloch in der Mitte und eine T-förmige Tür. (Um im Winter die Wärme zu bewahren, hingen die Bewohner eine Tierhaut vor die obere Hälfte, während der

Die alten Ruinen von Wupatki sind die Überreste von Dörfern, die vor Jahrhunderten ihre Blütezeit hatten.

schmale, untere Teil für frische Luftzufuhr offen blieb.)
Auf einem Pfad, den man sich selbst erwandert, gelangt man zu einer Vertiefung in der Erde, die wahrscheinlich als Freiluft-Amphitheater diente. Hier könnten die Dorfbewohner zu ihren Versammlungen oder für religiöses Brauchtum zusammengekommen sein. Ein naher Ballspielplatz, von Mauern eingefaßt, ist in seiner originalen ovalen Form rekonstruiert worden. Er ähnelt anderen Plätzen dieser Art der Maya und Azteken in Mexiko und Zentralamerika. Die Spieler versuchten während dieses Spielrituals einen Gummiball durch einen Steinring zu treiben, ohne Hände und Füße zu verwenden. Das Spiel hatte wahrscheinlich eine religiöse Funktion.
Die dreistöckige **Wukoki Ruin** ("großes und breites Haus") baute man aus Blöcken von Moenkopi-Sandstein, dem Gestein auf dem sie steht. 14,5 km entfernt erhebt sich in beherrschender Position auf einem kleinen Vulkankegel die **Citadel**; sie ähnelt einer Festung, obwohl ihre Bewohner wahrscheinlich nicht kriegerische Absichten hegten. Wenige Spuren blieben von ihren nahgelegenen terrassierten Gärten.
Auf dem Weg zur Zitadelle kommen sie an der kleinen **Nalahiku Ruin** ("Haus außerhalb des Dorfes") vorbei, die zwei Stockwerke hoch war und etwa 14 Räume enthielt. In Vorratsbehältern und Begräbnisschächten fanden die Archäologen die Knochen von Eulen, bisher erkannte man nicht die Bedeutung dieser Funde.
Die **Lomaki Ruin** ("Schönes Haus") trägt ihren Namen wegen des feinen Mauerwerks. Die Wissenschaftler haben mittels der Jahresringe am Holz des Dachgebälks das Baudatum auf das Jahr 1190 n. Chr. festgelegt. Das zweistöckige Pueblo hatte vielleicht neun Räume und konnte bis zu vier Familien aufnehmen. Da das Pueblo in der Nähe eines eingestürzten Erdspaltes steht, wird vermutet, daß dieses Naturphänomen für die präkolumbischen Bewohner bedeutungsvoll war.
Im Frühling und Herbst führen Ranger die Wanderer, die über Nacht bleiben wollen, auf einer 22,5 km langen Tour zu der **Crack-in-the-Rock Ruin** (Felsspalten-Ruine). Diese Reste stehen auf einer Mesa (kleiner Tafelberg) mit Panoramablick über die Region des Little Colorado River. Der Pfad führt auch an den Ruinen weiterer Pueblos und an vielen Felsenzeichnungen vorbei. **Doney Mountain** (in Wirklichkeit ein Krater) heißt nach einem Schürfer, der die Gegend auf der Suche nach der sagenumwobenen Lost Padre Mine (Mine des verlorenen Paters) durchwanderte, die im 18. Jahrhundert von spanischen Entdeckern beschrieben wurde. Ein Pfad führt den Krater hinauf, von oben hat man einen wundervollen Blick auf Painted Desert und die San Francisco Peaks.

METEOR CRATER

Dies ist ein Ort, von dem man wahrhaftig sagen kann, daß dort ein UFO ("Unidentified Flying Object") gelandet sei. Irgendwoher aus dem Weltraum kam ein Meteor aus Nickel und Eisen, der 60.000 Tonnen wog und unseren Planeten vor etwa 49.000 Jahren erreichte. Mit einer Geschwindigkeit von 78.841 km/h schlug er so heftig in den Grund, daß eine halbe Milliarde Tonnen Felsmaterial emporflog und sich über die Wüste verteilte.
Dieser Aufprallkrater, das besterhaltenste Exemplar seiner Art, hat einen Durchmesser von fast 1,6 km und ist 183 m tief (in ihn würde sogar das hohe Washington Monument hineinpassen). Der Kraterrand erhebt sich 46 m über die ihn umgebende Ebene. Da der Krater denen auf dem Mond ähnelt, kamen einmal sogar Astronauten hierher, um ihre Mondspaziergänge zu üben.
Im **Visitor Center** am Kraterrand können sie eine Ausstellung über das Apollo-Raumprogramm sehen und eine Sammlung von Meteoriten. Einer davon, der nahezu 681 kg wiegt, wurde in der Nähe gefunden. Den Besuchern ist es nicht mehr gestattet, den steilen Pfad in das Kraterinnere hinabzuwandern, aber der 4,8 km lange **Rim Trail** (Kraterrandweg) bietet gute Sicht auf dieses außergewöhnliche Loch in der Erde.

SUNSET CRATER N.M.

Der Sunset Crater (Sonnenuntergangskrater) erhebt sich mehr als 300 m über das ihn umgebende Lavafeld. Er hat eine seltsame Form und trägt eine orangene und gelbe Färbung, die von Eisen und Schwefel verursacht ist. Seinen Namen verlieh ihm der Forscher John Wesley Powell, als er ihn 1885 erstmals sah. Er entstand durch Eruption (nicht durch Meteoriten) und ist der jüngste von den 400 untätigen Vulkanen im San Franzisco-Vulkanfeld. Als er vor mehr als 700 Jahren seinen letzten Ausbruch hatte, stieß er laut Schätzung etwa eine Milliarde Tonnen Lava und Asche aus, so daß die in der Nähe wohnenden Indianer ihre Dörfer um Wupatki verlassen mußten. Doch die aus der Luft herniedersinkende Asche machte den Boden fruchtbar, so daß die Indianer wiederkamen und hier ackerten und siedelten.
Zu dem "Monument" gehört ein **Visitor Center**, wo Sismographen weltweit entstehende Erbeben aufzeichnen. Eine Ausstellung erklärt die vulkanischen Kräfte. Der **Lava Flow Trail** (Lavaflußpfad) an der Basis des Kraters führt zu Fumarolen, Lavatunneln und einer Eishöhle. Man darf nicht auf den Krater laufen, doch können sie auf den nahen **Lenox Crater** klettern (2.208 m), ebenfalls ein Vulkankegel.

Weltweit hat sich kein Meteorkrater so gut erhalten, wie dieser hier, der etwa 183 m tief ist.

Seinen letzten Ausbruch hatte der Sunset Crater vor 700 Jahren, aber er flößt uns immer noch Respekt ein.

PETRIFIED FOREST NATIONAL PARK

Ein versteinerter Wald, das ist ein Ort, der in den Prahlereien des Westens auftauchen könnte. "Versteinerte Bäume?" könnte ein Zuhörer gefragt haben. "Sicherlich mein Freund, ich glaube dir und ich vermute, daß sie voller versteinerter Vögel sind, die versteinerte Lieder singen!"

Und dennoch, es gibt diesen Ort wirklich, oder vielleicht ist "unwirklich" das bessere Wort. Der Nationalpark enthält wahrscheinlich die größte und verschiedenartigste Ansammlung von versteinertem Holz. Sie werden dort alte Stämme sehen, die sich in Stein verwandelt haben. Wie konnte das geschehen? Vor etwa 225 Millionen Jahren schwemmten Flüsse umgestürzte Bäume von weit entfernten Bergen hierher und lagerten sie in Sümpfen ab. Gelöste Mineralien ersetzten ganz allmählich die Holzzellen mit schimmerndem Jaspis, Achat und anderem Halbedelstein. In dem Park sieht man auch einige Tierfossilien. In der Frühzeit war dieses Land von riesigen Reptilien und Amphibien bevölkert, einschließlich des mörderischen, fleischfressenden Phytosauriers, der an ein Krokodil erinnert.

Die südliche Abteilung des Parks enthält die größte Menge von versteinertem Holz, einschließlich so ungewöhnlicher Formen wie **Agate Bridge** (Achat-Brücke), eine Brücke von mehr als 30 m Länge und **Jasper Forest** (Jaspis-Wald), eine weit verstreute Ansammlung versteinerter Stämme. Besichtigen sie auch das **Agate House** (Achat-Haus), eine präkolumbische Ruine mit sieben Räumen, die aus Blöcken von farbigem versteinertem Holz gebaut wurde; zwei Räume hat man rekonstruiert. Es erübrigt sich wohl zu sagen, daß es streng verboten ist, versteinertes Holz aus dem Park wegzutragen, denn es soll auch in Zukunft für die Besucher erhalten bleiben. In der kleinen zentralen Abteilung des Parks liegt die **Puerco Indian Ruin**, wo präkolumbische Indianer von 1100-1400 n. Chr. lebten. Sie hinterließen rätselhafte Felsenzeichnungen. Eine davon zeigt einen Reiher, der einen Frosch frißt und offenbar dienten einige Zeichen als Sonnenkalender. Diese große und bemerkenswerte Ansammlung befindet sich gleich unterhalb des Mesa-Randes, südlich von der Ruine. Noch mehr dieser mysteriösen Symbole kann man am **Newspaper Rock** (Zeitungsfelsen) sehen, einem massiven Sandsteinblock mit Zeichnungen, die an Eidechsen, Schlangen und anderes erinnern. Die nördliche Sektion des Parks enthält Teile von "Painted Desert".

Bäume, die in Felsen verwandelt worden sind, liegen in diesem "Wald" umher und bilden eine der vielen erstaunlichen Sehenswürdigkeiten von Arizona.

PAINTED DESERT

Painted Desert (farbige oder angemalte Wüste) erstreckt sich durch den Nordteil von Petrified Forest National Park und darüber hinaus und bedeckt mehrere tausend Quadratkilometer. Trotz der sanften Pastelltöne handelt es sich um eine Landschaft von rauher Schönheit. Die windigen Ebenen, Mesas und Hügel sind wie eine Leinwand voller Licht, Schatten und Farbe, insbesondere in der Morgenröte und Abenddämmerung, wenn der flache, warme Sonnenschein die Landschaft erleuchtet. Das Sonnenlicht spielt mit Ablagerungsschichten in Rot, Purpur und Blaugrau, deren Farben von Mineralien aus Eisen und Mangan herrühren. Ein Großteil der Naturformen von Painted Desert gehört der Chinle-Formation an, die vor etwa 200 Millionen Jahren im Trias entstand.

Im **Painted Desert Visitor Center** am Nordeingang des Parks sieht man einen Film über versteinertes Holz und den Park. Richtung Süden kann man zum **Tiponi Point Overlook** und zum **Tawa Point Overlook** fahren, beides großartige Aussichtspunkte über Painted Desert. Am Kachina Point steht das **Painted Desert Inn** (1924), dessen spanisch und indianisch beeinflußte Pueblo-Architektur so auffallend ist, daß man es als ein nationales Wahrzeichen erhalten hat. Der aus typischen Materialien des Südwestens errichtete Bau enthält eine Ausstellung zur Kulturgeschichte. In der Nähe von Kachina Point, hinter dem Inn, gibt es einen Pfad zur **Painted Desert Wilderness**, das sind 17.402 ha Ödland und Mesas voller Farben, einschließlich Indianerresten und Felszeichnungen. Sie können auch zur Onyx Bridge wandern, das ist ein 15 m langer versteinerter Stamm oder zum Pilot Rock, ein Felsen, der den höchsten Punkt des Parks bildet (1920 m).

Am **Pintado Point Overlook** breitet sich ein weiter Lavafluß aus und unterhalb des **Nizhoni Point Overlook** erkennen sie weiche Splitter von selenhaltigem Gips, ein Mineral, das im Sonnenschein glitzert.

Obwohl die Wüste praktisch leblos zu sein scheint, täuscht dieser Eindruck. Sie entdecken nicht nur stacheligen Feigenkaktus, sondern auch Scharlachrote Kastillea und Mariposalilien, die nach den seltenen Regenfällen erblühen. Präriehunde und Eselhasen flitzen durch das Wüstengebüsch und darüber flattern Raben, Zaunkönige und Lerchen.

Painted Desert ist das Königreich von Mineralien, Farbtönen, Licht und Schatten - eine auf seltsame Weise anrührende Landschaft.

CANYON DE CHELLY NATIONAL MONUMENT

Die Zeit dehnt sich im Canyon de Chelly. Steile Sandsteinfelsen, in Jahrtausenden geformt, ragen 300 m hoch zum Himmel empor. Die Schwerkraft überwindende Felsenhäuser, von den Anasazi (den "Alten") vor etwa zehn Jahrhunderten gebaut, kleben an den Schluchtwänden. Auf der Talsohle leben die heutigen Navahos in runden Behausungen, die sich Hogans nennen, lassen ihre Schafe grasen und bebauen die Felder an den Bachrändern.

Das Nationalmonument besteht aus dem 42 km langen Canyon de Chelly ("d'SHAY" ausgesprochen) und dem 56 km langen Canyon del Muerto, mit dem er zusammentrifft. Beide haben an ihren Rändern Fahrwege mit Ausblicken in die Canyons, die einem wahrhaft Ehrfurcht einflößen. Die eigentlichen Schluchten darf man nur zu Fuß, mit dem Pferd, mit dem Jeep und auf jeden Fall nur von einem Navaho-Führer oder einem Ranger begleitet betreten. (Die einzige Ausnahme ist der White House Ruin Trail.) Diese Vorsichtsmaßregel soll sowohl die Anasazi-Ruinen als auch das Privatleben der mehr als 50 Navaho-Familien schützen, die hier leben.

In dem Nationalmonument gibt es ungefähr 400 Anasazi-Reste und tausende von Felsengemälden. Um den ganz großen Eindruck zu gewinnen, fahren sie auf dem **South Rim Drive of Canyon de Chelly** zu der überwältigenden **White House Ruin**. Als sie bewohnt war, bestand sie aus 80 Räumen; ihren Namen gab man ihr wegen des weißen Verputzes am oberen Teil. Die Besucher erreichen die Ruine auf einem leicht zu begehenden Pfad. **Sliding House Overlook** bietet den Blick auf eine Felsbank mit den Ruinen eines Dorfes und natürlichen Wasserbecken. Der **Spider Rock Overlook** liegt schwindelerregende 300 m über der Canyon-Sohle, von der die Spider Rock (Spinnenfelsen) genannte Zinne emporsteigt, die nach einer Navaho-Göttin benannt ist, die sich schlecht betragende Kinder bestraft, indem sie sie auffrißt. Die vulkanische Black Heart Butte ragt am Horizont ganze 2342 m empor.

Der **North Rim Drive of Canyon del Muerto** stößt zum **Antelope House** vor, ein Ruinendorf, das nach Antilopenbildern benannt ist, die auf den nahgelegenen Fels gemalt sind. Am **Mummy Cave Overlook** gibt es Höhlen, die nach dem gleich unter ihnen erfolgten Fund von zwei Mumien ihren Namen erhielten. **Massacre Cave Overlook** erinnert an einen tragischen Zwischenfall von 1805, als spanische Soldaten 115 Navahos töteten, die sich in diese Höhle im Kliff 183 m über der Canyon-Sohle zurückgezogen hatten.

Unten und Seite 83: Zwei Ansichten des Spider Rock; gegenüber: Das Antelope House.

Nächste Seiten: Das White House (S. 80-81); Tsegi Overlook beherrscht einen Teil des Canyons, wo die Anasazi vor tausend Jahren lebten (S. 82).

LAKE POWELL

Einer der beliebtesten Urlaubsorte Arizonas ist der Lake Powell. Seine 3154 km langen Küsten sind 1287 km länger als die Küste Kaliforniens! Das grüne Wasser des Sees trifft direkt auf die farbigen Felsformationen der Wüste. Hohe rote Felsen erheben sich vor dem blauen Himmel und die Erosion hat natürliche Brücken und in Balance stehende Felsen hervorgebracht. Die Wüste reicht bis an das Ufer. Das Tor zum See ist die Stadt Page, die während der Bauzeit des **Glen Canyon Dam** entstand. Der 1964 vollendete Damm staut den Colorado River und erhebt sich 217 m über das Grundgestein. An der Basis ist er 92 m dick und enthält eine Masse von 142 Millionen Kubikmeter Beton. Im **Carl Hayden Visitor Center** ist eine dreidimensionale Landkarte des Gebietes zu sehen und man kann Rundgänge um den Damm buchen. Die mächtigen Turbinen des Staudamms erzeugen mehr als eine Milliarde Kilowatt an elektrischer Energie. Doch die Hauptaufgabe des Dammes ist die Wasserspeicherung, mit dem Wasser des Stausees könnte man den Staat Pennsylvania 30 cm hoch überfluten. Lake Powell ist der zweitgrößte künstliche See der Vereinigten Staaten. Der größte Teil des Sees liegt in Utah, doch Arizona verfügt mit **Wahweap** über einen wichtigen Erholungsort am Wasser mit Bootshafen und Touristendorf. Für eine Tagestour kann man ein Ruderboot zum Angeln mieten oder, für eine Woche auf dem See, auch ein voll ausgerüstetes Hausboot. Man fährt dann an riesigen Felsstümpfen aus Sandstein vorbei, die sich wie Inseln im Wasser erheben. Hoch oben an den Sandsteinwänden der Seitenschluchten sieht man so zarte Pflanzen wie Frauenhaar, die an den Stellen, wo Wasser durch den porösen Felsen dringt, hängende Gärten bilden. Auf den Felsplateaus wachsen Wacholder und Pinyon-Kiefern, doch auf der Höhe der Wüste sehen sie nur Kakteen und nordamerikanischen Beifuß. Die Tiere dieser Region erblickt man am ehesten frühmorgens oder in der Dämmerung, zu ihnen zählen die Rauten-Klapperschlange, der Steppenwolf, der Maultierhirsch und das Puma.

Gleich nördlich der Grenze zwischen Arizona und Utah liegt die größte steinerne Naturbrücke der Welt, **Rainbow Bridge** genannt. Sie entstand durch Erosion aus lachsrotem Navaho-Sandstein, mit ihren 88 m ist sie hoch genug, um die Kuppel des Kapitols der USA darunterzustellen.

Gegenüber: Die unregelmäßige Küstenlinie des Lake Powell. Nächste Seiten: Eine der Felsformationen, die aus dem See emporsteigen und zwei Ansichten der berühmten Rainbow Bridge nördlich der Grenze zwischen Arizona und Utah.

Den Colorado River staut der Glen Canyon Dam und überspannt die Glen Canyon Bridge.

ANTELOPE CANYON

Während es für große Teile Arizonas zutrifft, daß sie "weite offene Räume" sind, gilt für die Landschaft von Antelope Canyon ganz das Gegenteil, hier handelt es sich um enge, geschlossene Räume. Im Gegensatz zu dem klassischen Gelände des amerikanischen Westens mit breiten Tafelbergen und Felsnadeln, die sich bei Sonnenuntergang vom Himmel abheben, könnte dieser Canyon das steinerne Zentrum der Erde sein. In vielfacher Hinsicht ist er ein geheimnisvoller Platz und eine abgetrennte Welt.
Im Durchschnitt hat er nur eine Tiefe von 9 m und seine felsigen Wände sind wie Eierteig getrimmt. Die Schlucht windet sich über eine Länge von 1,2 km. Der schmale Spalt wurde von Wasser und Wind durch eine Mesa geschnitten, wozu eine ewig lange Zeit vonnöten war. Das flutende Wasser meißelte den Felsen in Gestalt von Korkenzieherspiralen aus, die vielen anderen in der Natur vorkommenden Formen ähneln, z. B. der Windung von Seeschnecken oder der gewundenen Form von durch die Luft fliegenden Samenhülsen.
Das Sonnenlicht fällt in diesen Spalt in sich ständig verändernden Mustern und schafft Farben, die von einem bleichen Lachsrot zu tiefem Burgunderrot variieren, von der Sandfarbe bis zum Rostrot des Eisenoxyds. Die lieblichen Farbtöne und Lichteffekte im Antelope Canyon sorgen für seine Beliebtheit bei Fotografen. Diese geduldigen Künstler, ganz egal ab Amateure oder Berufsfotografen, warten manchmal einen halben Tag, um die richtige Beleuchtung für eine Aufnahme zu finden. Ohne Zweifel, der Canyon gehört zu den erstrangigen visuellen Wundern des amerikanischen Südwestens.
Die Schlucht liegt etwa 4,8 km von der kleinen Stadt Page. Um die 15 Minuten dauernde Fahrt auf einer rauhen Schotterstraße zurückzulegen, braucht man ein Fahrzeug mit Allradantrieb. Das Tor zu der Sehenswürdigkeit ist nur im Sommer geöffnet, doch kann man in Page das ganze Jahr über Führungen buchen. Antelope Canyon wurde 1931 von dem zwölfjährigen Navaho-Mädchen Tsosie entdeckt, das in der Wüste seine Schafe hütete. Heute gehört er zum Privatbesitz einer Navaho-Familie, die hier Weiderechte hat. Außerdem ist er Teil eines Navaho-Reservats, das mit 64.750 qkm das größte der Vereinigten Staaten ist und in die Nachbarstaaten Utah und New Mexico hineinreicht.

Eine Landschaft wie eine verdrehte Skulptur. Der Antelope Canyon sieht so aus, als befände er sich auf dem Mars, nicht in Arizona.

MONUMENT VALLEY

Wenn sie Wildwestfilme wie John Fords *Stagecoach* von 1938 gesehen haben, dann erfuhren sie bereits eine wichtige Wahrheit zum Monument Valley: Obwohl solch klassische Filme Hauptdarsteller wie John Wayne zeigen, bleibt doch der wahre Star der Unternehmung stets das Tal selbst, ein mystischer Ort, wo sich Mesas und Bergstümpfe gegen den unendlichen blauen Himmel erheben. Mit dieser Landschaft betritt man eine andere Welt, einen Ort von beunruhigender Schönheit. Gekräuselter Sand breitet sich in alle Richtungen aus, vorbei an einsamen Steinmonolithen. Im warmen Licht des Sonnenuntergangs glühen die Felsentürme, als enthielten sie ein inneres Feuer.

Sie können die geographischen Zahlen zur Kenntnis nehmen, aber das erklärt nicht den merkwürdigen Magnetismus von Monument Valley. Es mißt 64 mal 96 km und liegt 1678 m über dem Meer. Früher war es ein Binnensee, dessen Sandsteinboden mit der Zeit ausgewaschen wurde. Dann erodierten Wasser und Wind das Land und es blieben nur die aufragenden Bergstümpfe und zerklüfteten Zinnen des heutigen Tales stehen. Wenigstens eine dieser Formen, Agathia Peak, ist der Rest eines alten Vulkans; den Schlüssel für diesen Ursprung liefert der dunkelfarbige Felsen, der sich stark von dem sonst roten Gestein abhebt.

Zur Besichtigung dieses Geländes buchen sie am Visitors Center einen **Rundgang mit Führung**, dann haben sie die Möglichkeit, nicht nur die berühmten Felsformationen zu sehen, sondern auch ein Hogan der Navaho, eine Felsenwohnung und Felsenzeichnungen. (Die Anasazi lebten im Distrikt des Mystery Valley, wo viele ihrer einstigen Wohnsitze liegen.) Motorisierte Touristen können auch auf eigene Faust den 27 km langen Aussichtsweg entlangfahren, er bietet viele überwältigende Ausblicke. Beginnen sie ihre Rundfahrt beim Visitors Center am **Mitten View Lookout**, von dort aus sehen sie die malerischsten Formen des Tales. West Mitten Butte ist eine archetypische Formation, ein dicker Felsenturm neben

Unten: Im Vordergrund liegt Merrick Butte; Seite 92-93: Die drei Buttes (West Mitten, East Mitten und Merrick) ähneln mächtigen Burgen aus Stein.

Oben: Blick au Rain God Mesa (Regengott-Mesa); unten: Seitlich von Camel Butte steht ein brauner Fels, der wegen seiner Form Thumb (Daumen) genannt wird.

einer schlanken Felsspitze. Er erhebt sich mehr als 300 m über die Talsohle, East Mitten Butte ist sein Spiegelbild. Auch Merrick Butte gehört zu dieser Gruppe. Halten sie Ausschau nach Elephant Butte und Mitchell Mesa, letztere ist so breit, daß eine Flugzeuglandebahn auf ihr Platz hätte. Die Felsnadeln aus rotem Gestein sind als **Three Sisters** (drei Schwestern) bekannt, mit fast 300 m Höhe ein starker Kontrast vor dem blauen Himmel. Sie sehen wie Verwandte aus, eine Familie wacht über das Tal, als wären es die Statuen von Göttinnen. Der **Totem Pole** (Totempfahl) ist eine isolierte Spitze am Ende von Monument Valley; hier werden sie die letzten Schichten des geologischen Systems, zusammengesetzt aus Hunts Mesa und Wetherill Mesa, sehen. Viele andere Formationen im Monument Valley, wie Camel Butte und Spearhead Mesa, erhielten fantastische Namen, die von ihren Formen herrühren. In den Stunden bei Sonnenaufgang und Sonnenuntergang hat es den Anschein, daß diese Formen zum Leben erwachen, wenn das Licht der niedrig stehenden Sonne warm und rosenfarbig hereinströmt. Das Licht hat hier etwas Zeitloses an sich, so ähnlich wie in den Kathedralen, wenn es durch die farbigen Glasfenster dringt. Und doch verändert es sich von Augenblick zu Augenblick.
Das Monument Valley beeindruckt viele Menschen auf eine äußerst spirituelle Weise, was noch dadurch verstärkt wird, daß die Navaho an die Heiligkeit der Erde glauben. Das Tal ist ein 12.067 ha großer Stammespark der Navaho, ihnen ist es gelungen, viele ihrer alten Lebensgewohnheiten zu bewahren. Sie werden ihre Hogans sehen - das sind runde Behausungen aus Lehm und Holz - und wie die Navahos Schafe hüten, Stoffe weben oder ihre türkisfarbenen Schmuckstücke auf Tischen längs der Straßen verkaufen. Viele von ihnen kochen ihre Speisen immer noch am offenen Feuer und tragen ihre Kleinkinder in traditionellen Gestellen auf dem Rücken. Sie verstehen es, in Harmonie mit diesem rauhen, aber überwältigenden Land zu leben.

In der Nähe von Mitchell Mesa ragen die Three Sisters zu einer Höhe von dreihundert Metern empor.

Unten und nächste Seite: Diese ausgedörrte Landschaft beherrschen der Totem Pole und Yei Bi Chei.

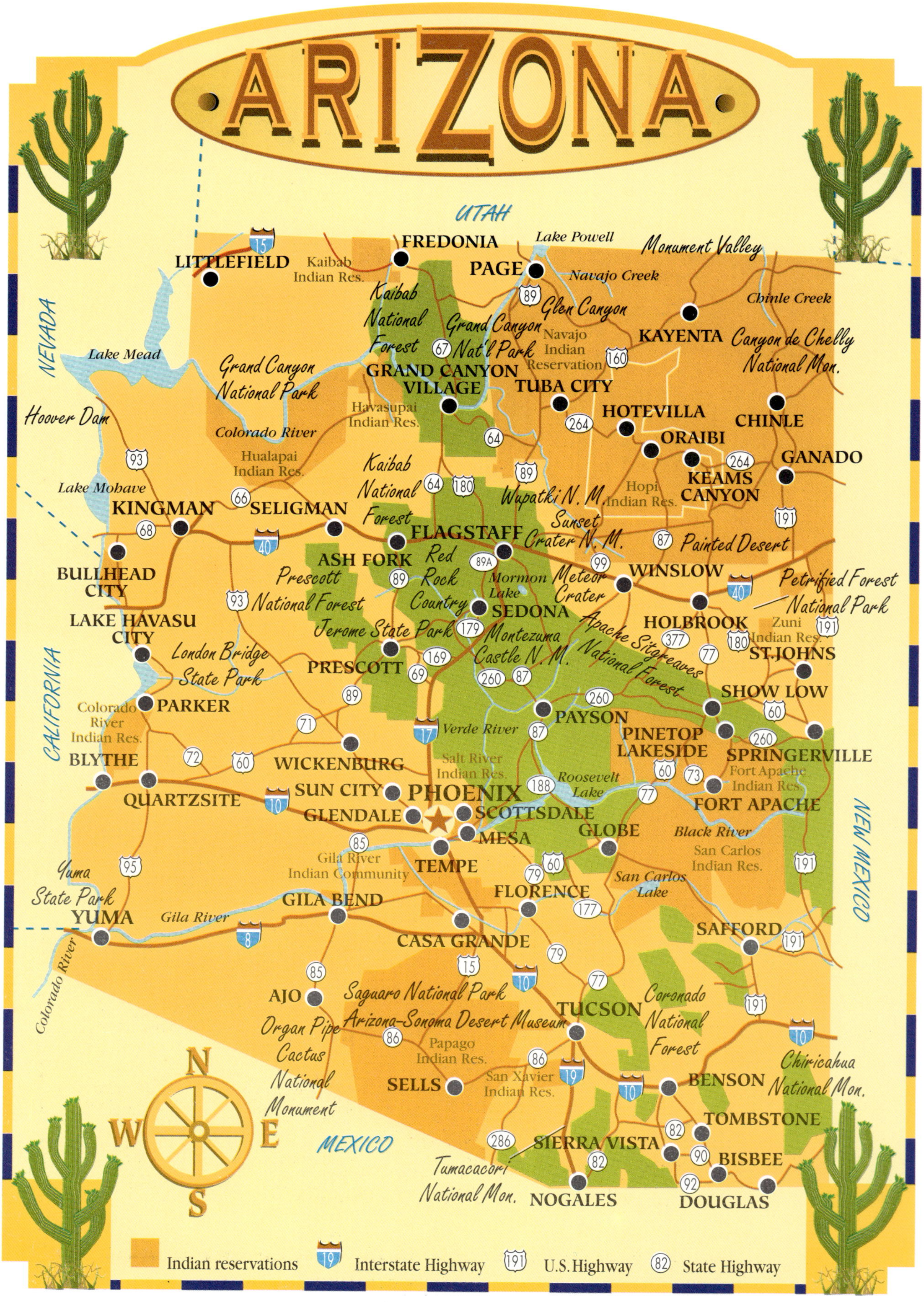
ARIZONA
UTAH
NEVADA
CALIFORNIA
NEW MEXICO
MEXICO
LITTLEFIELD
Kaibab Indian Res.
FREDONIA
Lake Powell
PAGE
Navajo Creek
Monument Valley
Chinle Creek
Kaibab National Forest
Grand Canyon Nat'l Park
Glen Canyon
Navajo Indian Reservation
KAYENTA
Canyon de Chelly National Mon.
Lake Mead
Grand Canyon National Park
GRAND CANYON VILLAGE
TUBA CITY
Havasupai Indian Res.
HOTEVILLA
CHINLE
ORAIBI
Hoover Dam
Colorado River
Hualapai Indian Res.
Kaibab National Forest
Wupatki N. M.
Hopi Indian Res.
KEAMS CANYON
GANADO
Lake Mohave
KINGMAN
SELIGMAN
Sunset Crater N. M.
FLAGSTAFF
Painted Desert
BULLHEAD CITY
ASH FORK
Red Rock Country
Prescott National Forest
Mormon Lake
Meteor Crater
WINSLOW
Petrified Forest National Park
LAKE HAVASU CITY
SEDONA
Apache Sitgreaves National Forest
HOLBROOK
Zuni Indian Res.
Jerome State Park
Montezuma Castle N. M.
ST. JOHNS
London Bridge State Park
PRESCOTT
SHOW LOW
PARKER
PAYSON
Colorado River Indian Res.
Verde River
PINETOP LAKESIDE
SPRINGERVILLE
BLYTHE
WICKENBURG
Salt River Indian Res.
Roosevelt Lake
Fort Apache Indian Res.
QUARTZSITE
SUN CITY
PHOENIX
FORT APACHE
GLENDALE
SCOTTSDALE
MESA
GLOBE
Black River
Gila River Indian Community
TEMPE
San Carlos Indian Res.
Yuma State Park
FLORENCE
San Carlos Lake
GILA BEND
YUMA
Gila River
SAFFORD
CASA GRANDE
Colorado River
AJO
Saguaro National Park
Arizona-Sonoma Desert Museum
TUCSON
Coronado National Forest
Organ Pipe Cactus National Monument
Papago Indian Res.
Chiricahua National Mon.
SELLS
San Xavier Indian Res.
BENSON
TOMBSTONE
SIERRA VISTA
BISBEE
Tumacacori National Mon.
NOGALES
DOUGLAS
N
W
E
S
Indian reservations
Interstate Highway
U.S. Highway
State Highway